Johann Lachner · 999 Worte Bayrisch

999 Worte Bayrisch

Eine kleine Sprachlehre
für Fremde, Zugereiste, Ausländer und Eingeborene
von Johann Lachner

SÜDDEUTSCHER VERLAG

Schutzumschlag: Franz Wöllzenmüller
Mit 12 Federzeichnungen von Paul Neu

ISBN 3-7991-6016-7

1981 · 75. Tausend

© Süddeutscher Verlag GmbH, München
Alle Rechte vorbehalten. Printed in Germany
Satz und Druck: Passavia Passau
Bindearbeit: Grimm + Bleicher, München

Inhalt

1. Freundliche Einladung an den Anfänger 7
2. Vom guten Zweck dieses Büchleins 10
3. Bayrisch reden tun nur die Altbayern 16
4. Vom rücksichtslosen Fragen bis zum Gerüst der bayrischen Sprache 24
5. Den Loabitoag haben die Preußen erfunden ... 31
   Aussprache der Konsonanten und einfachen Vokale
6. Er zieht sich nicht gern aus 38
   Benennung der bayrischen Körperteile
7. Vom Gruß und von den Namen 46
   Der Artikel und ein Haufen Weibsbilder
8. Mangelhafte Verständigung in der Kuchel 55
   Letzte Aussprachregeln
   Beugung des Hauptwortes
9. Das Bayrische hat ein Irxnschmalz 64
   Kritische Bezeichnungen
   Eigenschaftswörter und ihre Beugung
10. Bei der zärtlichen Sprache geht's lind auf 75
    Wie ein Muskatnußei ausschauen muß
    Verkleinerung
    Hilfszeitwörter und persönliche Fürwörter
11. Ein ganz ein geschwindes Kapitel 88
    Zeitwörter, Verhältnis- und Umstandswörter
12. Das homerische Zwischenspiel 96
    Und das Wichtigste aus der Satzlehre
13. Die fortwährend unterbrochene Spazierfahrt .. 107
    Kleinigkeiten
    Conditionalis Bavaricus
14. Von der Musik der Sprache 114
    Gibt's denn des aa?
15. Nur vier Worte 123
16. Münchner Spezialitäten 134

1. Freundliche Einladung an den Anfänger

Stinktada, stinktada, weilst nix vostähst,
bals zu da Wirtin in d'Kuchel nausgähst?

Hocktada, hocktada, weilstas net woaßt,
bal da da Knecht eppas sagt, was des hoaßt?

Rachtada, rachtada, weilstas net kennst,
was da de Madln sagn, balst nachirennst?

Muas da net stingga und muas di net stihrn,
teamas ge frisch mit da Sprachlehr probihrn!

Gengama, gengama zammat in d'Lehr,
schaugts aa bein Ohfanga bluadi hart her.

Sohgada, sogada oissamt was feit,
werstas scho inna, sche staad mit da Zeit.

Moansteppa, moansteppa bringstas glei zamm?
Tua di net teischn: an Ernst muast fei hamm!

Bist du net fleißi, ih blohs da koan Marsch.
Bleibst halt a Schuasta und leckst m. a. A.

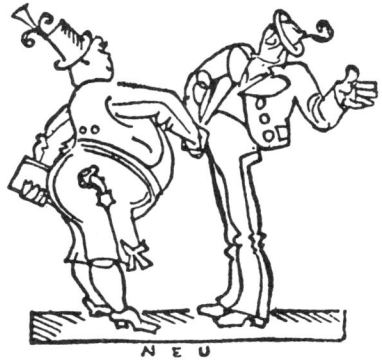

2. Vom guten Zweck dieses Büchleins

Man kann sagen, daß unter den deutschen Dialekten unser bayrischer einer der beliebtesten, wenn nicht gar der beliebteste ist. Er wird auch von auswärtigen Stämmen gern benützt – gerne und mit Wohlwollen. Hat man schon gehört, daß ein Bayer sächsisch oder berlinerisch zu reden versucht, außer er will sich darüber lustig machen? Nein, das gibt es nicht. Wenn umgekehrt Norddeutsche die bayrische Sprache auch hie und da in spöttischen Gebrauch nehmen, so widmen sich ihr doch die meisten mit ehrlicher Freude, manche mit einer Begeisterung, wie sie nur aus einem geneigten Herzen entspringen kann. Das bayrische Idiom muß als beliebt bezeichnet werden.

Woher kommt das? Das ist leicht gesagt. Es kommt von etwas, was wir Bewohner südlicherer Landstriche alle sehr genau kennen. Es kommt von einer Erscheinung, die blühende Hoffnungen zu erwecken und schwarze Enttäuschungen zu bereiten pflegt; von einer Sache, mit der man uns bald wie mit einem Zuckerl lockt, bald wie mit dem Nikolo schreckt; von einem Riesen, der Neues aus der Erde heraus- und Altes in die Erde hineinstampft; von jenem Stachel kommt es, der die sparsamsten Bürger- und Oberbürgermeister in die Bewilligungsfreude hineintreibt und macht, daß sie das Maul recht weit aufreißen. Es kommt da her, wo alles herkommt: nämlich vom Fremdenverkehr.

Alljährlich im Sommer, wenn die Sonne gar zu arg hinunterbrennt auf die mittleren Gebirge und die norddeutsche Tiefebene, dann erwacht in den Menschen da drunten der Drang zur Natur. Es ist nicht der gleiche Drang, den sie sonst am Wochenend spüren, es ist nicht die gleiche Natur, die sie jetzt brauchen. Es muß etwas noch viel Natürlicheres, es muß ganz urwüchsig sein. Darum packen Wandervögel und Sachsen ihre Rucksäcke, die andern ihre Koffer, und alle miteinander fahren sie in dichten Scharen nach dem brüderlichen Süden, wo man bereits das ganze Jahr auf sie gewartet und die Betten ausgeklopft hat. Jetzt sind sie im Urwüchsigen mitten drin, und wer bisher am Sonntag an einem stillen See in Mecklenburg gesessen oder einsam im Riesengebirge oder in der Heide herumgelaufen ist, der wohnt jetzt in einem feinen Hotel, quetscht sich auf schönbemalte Dampfer, schwitzt in festlichen Spielen und rennt von einem Königsschloß ins andere. Ja, so sorgt die bayrische Mutter Natur für alle, die an ihrem Busen Erholung suchen. Es bleibt aber nicht aus, daß einer doch einmal auf einen versprengten Eingeborenen trifft, der ihn recht saudumm anschaut; oder er kommt an ein Häusl, wo's keine Zimmer zum Vermieten gibt, oder auf einen Weg, der nicht von der Kurdirektion, nicht einmal von einem gemeinen Verschönerungsverein hingeschlängelt worden ist – in einer solchen Lage, dem Urwuchs plötzlich vis-à-vis, verspüren es die meisten, daß wie jedem, so auch diesem Gegenüber eine Anrede gebührt. Der große Augenblick ist da. Jetzt formen sich, unter dem Eindruck der ungewohnten Umgebung und getragen vom Wohlwollen, das sie hervorruft, zum erstenmal jene seltsamen Laute, die der bayrischen Sprache ähneln und den Schluß zulassen, daß es auf eine Benützung dieses Dialektes abgesehen sei.

Das Eis ist gebrochen. Es geht wie mit einer Liebeserklärung. Vom Entzücken, das beim ersten süßen Stammeln den Sprecher selbst durchglüht, bis zur lauten, fröhlichen Vertrautheit ist nur ein Schritt. Hemmende Schüchternheit ist nicht mehr zu befürchten, auch beeinflußt die sommerliche Hinneigung der Seele zum Urwüchsigen den Lerneifer in günstigster Weise. Die meisten entdecken in ihrer aufgeschlossenen Brust jene Kräfte, jene geheimnisvollen Fäden, die sie mit der Natur verbinden, und mithin ihre ganz besondere Veranlagung zur bayrischen Sprache. Wo so viele schöne Talente vorhanden sind und eine so pünktlich wiederkehrende Gelegenheit zum Studium an Ort und Stelle, da, sollte man glauben, wäre ein Buch überflüssig. Das ist freilich wahr – aber jetzt muß ich etwas sagen. Ich traue mir nicht recht heraus damit, weil es mir keiner glauben wird. Aber ich muß es sagen: das Bayrische ist eine schwere Sprache. Eine sehr schwere sogar.

Wer so etwas behauptet, soll es auch beweisen. Also zum Beispiel: Von meinen Münchener Bekannten, die sich Gebildete nennen oder Gewappelte sind oder Großkopferte, von denen spricht höchstens ein Viertel die Sprache der Heimat – ich meine: so, daß man überhaupt von Sprechen reden kann. Durchaus beherrschen tut sie höchstens ein Zehntel. Mit den andern ist wenig anzufangen. Sie können schon ein paar Brocken aufsagen und haben so einen gewissen allgemeinen Tonfall, daß man nicht meint, sie sind aus Cottbus; aber das heißt ja nichts. Und bei manchem fehlt es gleich so weit, daß sie sich gegenseitig mit dem Lo-abi-to-ag – doch das gehört nicht hierher. Jedenfalls: traurig ist es, aber wahr.
Oder zum Beispiel, wenn ein Auswärtiger, ein Zugereister, ein Preuß hergeht und spricht bayrisch, dann verstehen ihn die Eingeborenen viel schwerer, als wenn er hochdeutsch redet. Und je mehr Talent und Eifer einer in sich spürt, desto schwerer ist er zu verstehen. Das ist eigentlich

auch traurig und ganz gewiß wahr. Und man sieht daraus, wie schwer das Bayrische zu verstehen ist.

Damit komme ich zur Hauptsache, zum Zweck dieser Sprachlehre: Sie soll es nämlich direkt aufweisen, daß unsere bayrische Sprache schwer ist. Daß man sie nicht so ohne weiteres sprechen kann.

»Das ist aber einmal eine dumme Sprachlehre«, sagt da der Leser, »statt daß sie die Sprache erleichtert, macht sie sie schwer; statt zum Sprechen einzuladen, schreckt sie einen davon ab.«

Ja, muß ich darauf antworten, das gebe ich schon zu, und es schaut freilich dumm aus. Aber es ist ein guter Zweck. Und ein guter Zweck heiligt die Mittel. Das wissen wir herunten in Bayern am allerbesten.

Wer aber schön brav ist und sich nicht bloß die Weinbeerln herausklaubt aus diesem Büchl, sondern auch die zähen Brocken frißt, wer einsieht, daß man sogar die bayrische Sprache kennen muß, bevor man sie kann, und wer sich eine ganz kleinwinzige Mühe gibt, dem verspreche ich, daß er nachher Bayrisch *verstehen* kann.

Vom Verstehen kommt das Verständnis. Wem nämlich die Ohrwaschel aufgehen, dem gehen auch die Augen auf, und er merkt, daß man bei uns nicht bloß schuhplattelt und kammerfensterlt und Bier trinkt. Kurz, er kommt dem, was man wirklich urwüchsig nennen könnte, wenn es nicht schon gar zu dumm wäre, näher und hat eine stillere, bessere Freude daran.

Und das ist auch ein guter Zweck.

Wenn ich meine Leser so weit gebracht habe, dann bin ich zufrieden. Das Sprechen kommt ihnen nachher schön langsam von selber. Sie brauchen nur ihre von mir präparierten Ohren aufzumachen.

Einer ist freilich unter ihnen, für den gilt das nicht, was ich gesagt habe. Ich meine den, der das Buch gerade in der Hand hat. Ich weiß schon, daß er es nicht nötig hat. Ich weiß auch, voriges Jahr hat es ihm auf seine Frage der Schwaiger Franzl bestätigt, daß man ihn von keinem Bayern wegkennt, wenn er es nicht will, nicht im Ausschauen und nicht an der Sprache und überhaupt nicht. Und er hat mit dem Franzl drei Maß Bier getrunken. Also, da muß ich schon eine Ausnahme gelten lassen. Aber vielleicht liest der Betreffende das Büchl doch einmal flüchtig durch, zur Bestätigung. Oder er gibt es seinem Freund Lehmann, damit es der endlich einmal kennt, was wirklich bayrisch ist. Denn das weiß man ja, daß der nur so tut und im Grund genommen gar keinen Sinn dafür hat. Es fehlt ihm eben alles Urwüchsige.

Wenn aber diese Sprachlehre einem Bayern in die Hand kommen sollte, so wird sie ihm auch nichts schaden. Manchem wird es Spaß machen, wenn er einmal darüber nachdenkt, wie grundverschieden Deutsch von Deutsch sein kann. Und dann: Es ist gar kein Zweifel, daß von dem festen Block, den unsere Sprache durch Jahrhunderte dargestellt hat, vieles abzubröckeln beginnt. Es ist nicht mehr die lebendige Entwicklung in sich selbst, wie sie, freilich viel langsamer und konservativer als in der deutschen Schriftsprache, immer gewesen ist; nein, seit dem ersten Weltkrieg hat der Segen des modernen Verkehrs und nach dem zweiten der Jammer der neuen deutschen Völkerwanderung manchen lebenswichtigen Bestandteil endgültig zum Teufel gehen lassen. Das alte Sprachgut zieht sich in die entlegenen Winkel zurück, weil es in den stärker exponierten Gegenden nicht mehr die Kraft hat, dem gegensätzlichen Neuen zu widerstehen oder es sich anzupassen. Was hier herin steht, das gilt heute. Ob's morgen noch sein wird? Wir wollen es hoffen.

Und weil es heute gilt, was ich schreibe, darum ist es kein Erinnerungsbuch voll wehmütiger oder gelehrter Reliquien geworden. Auch keine bayrische Volkskunde, die alle ländlichen Bräuche seit dem Mittelalter aufzählt. »In Oberbayern pflegen die Burschen an diesem Tage...«, so steht es vor gewissen Feiertagen in den Zeitungsartikeln zu lesen. In jahrelanger Übung schreibt das ein Artikelschmierer vom anderen ab, und es ist schon möglich, daß sie es selber glauben. Die Burschen von Oberbayern fahren derweil mit einem lauten Auspuff spazieren, haben das Mensch auf dem Soziussitz und pfeifen auf die Volkskunde. Nein, so ein fades Gewäsch hat keinen Wert und keine Wahrheit in sich.

Den Dialektforschern möchte ich nur mitteilen, daß ich weder alt- noch mittelhochdeutsche Stämme und Endungen heranziehe. Sie werden es mir verzeihen, wenn ich ihnen nicht ins Handwerk pfusche.

Zum Schluß noch eins: Übelnehmen gilt nicht! Es wird mir niemand nachsagen können, ich mache mich über meine Landsleute lustig, wenn ich einmal eine kräftige Formel ausspreche. Und wenn die Preußen aufgezwickt werden, braucht sie dieses alte bayrische Herkommen nicht verschnupfen. Schließlich gehören wir ja doch alle zusammen und haben uns im Grund ganz gern. Das sage ich nicht wegen dem Fremdenverkehr.

3. Bayrisch reden tun nur die Altbayern

Es ist schon etwas ganz Besonderes um die bayrische Sprache. Seit 1400 Jahren sitzt da ein deutscher Stamm auf seinem gar nicht so kleinen Fleck Erde, fest, geschlossen, unverrückbar und in seinem Wesen für deutsche Begriffe unfaßlich unberührt. Er spricht seinen Dialekt, wer weiß wie lange schon, einen tief in diesen Boden verwachsenen Dialekt, gewandelt wohl durch anderthalb Jahrtausende, doch wenig beeinflußt von äußeren Ereignissen, zäh und langsam und schwer aus sich selbst entwickelt, für eine deutsche Sprache unfaßlich unverändert. Wer ist dieser Stamm, welche Sprache spricht er?

Die heutigen politischen Grenzen Bayerns besagen gar nichts, nichts über die Rasse und über die Sprache nichts. Nach der Stammeszugehörigkeit liegt Wien näher bei München als Augsburg. Und eher könnte man von einem Bozener als von einem Nürnberger sagen, er spreche bayrisch. Aber beide sprechen sie nicht die Sprache, die wir ein für allemal als die bayrische bezeichnen wollen, nämlich die altbayrische.

Altbayern! Merke dir seine Grenzen! Ein Fünfeck etwa bilden sie: Der erste hohe Kamm der Alpen von Berchtesgaden nach Westen ist dessen eine Seite, der Lech die zweite, der Lauf der Donau bis Regensburg und die Verlängerung dieser Linie zur böhmischen Grenze die dritte, die vierte wird gezogen vom Kamm des Böhmerwalds und die fünfte geht Inn und Salzach aufwärts. Merk dir dies altbayrische Fünfeck!

Und jetzt nimm einen historischen Atlas zur Hand! Fang an mit einer Karte Europas gleich nach der Völkerwanderung und schlage um, Blatt für Blatt, Jahrhundert für

Jahrhundert. Sieh die Geschichte deines deutschen Vaterlandes, wie es von der westlichen Gründung des Frankenreiches her hineinwächst in die heutigen Grenzen, wie unter den Karolingern und Sachsenkaisern große Stammesherzogtümer die Fläche bedecken, wie sie zerfallen in den territorialen Anläufen der Stauferzeit, wie immer mehr kirchliche und adelige Herren, freie Städte und kleine Fürsten den Riesenleib zerfieseln, daß er einem Aussätzigen gleichschaut. Hier heilt ein Stück Haut zusammen, dort bricht sie von neuem auf. Und dann zeichnen die Habsburger die Farbe ihrer Hausmacht in neue Gebiete, aus Keimzellen entwickeln sich Württemberg und Brandenburg-Preußen zu neuen Begriffen, es teilen sich die Wettinischen Lande und sammeln sich zum neuen Sachsen. Ja, neu muß man diese Gebilde heißen, die vor der Schwelle des neuen Deutschland stehen, neu und jung, wenn man das ewige Kaleidoskop der deutschen Geschichtskarte gesehen hat. Welches Gebiet du immer herausgegriffen hast, es war alles im Fluß.
Nur eines nicht. Das altbayrische Fünfeck. Du triffst es an, wenn du zurückblätterst zu einer Karte um die sechste Jahrhundertmitte: das Herzogtum Bayern, damals schon im Verband des Frankenreichs. Und wenn du ein ganzes Jahrtausend überschlägst bis zur Reformationszeit, wo alle alten Herzogtümer längst in anderen Gebilden verschwunden sind – du triffst es wieder, das Herzogtum Bayern. Und in der Zwischenzeit: immer dieses altbayrische Fünfeck. Da hängt wohl anfangs und wieder einmal Tirol daran oder ein Stück Land bis zur Enns, zeitweise auch der Nordgau, die spätere Oberpfalz – aber das ist wie mit Warzen; sie kommen und fallen ab, das Fleisch wird nicht berührt. Noch im Jahr 1777 ist das Kurfürstentum Bayern durchaus identisch mit dem alten Fünfeck.

Erst dann kommt die Oberpfalz endgültig und in einem vierzigjährigen Angliederungsprozeß weiteres, stammfremdes Gebiet dazu. Aber noch im heutigen Bayern findet man, durch die Grenzen der Regierungsbezirke Ober- und Niederbayern scharf markiert, das alte Herzogtum. Altbayern ist das konstante Fünfeck der deutschen Geschichte. Es trägt seinen Namen zu Recht und in Ehren. Aus solcher rassenmäßigen, politischen und kulturellen Einheit durch anderthalb Jahrtausende kann eine ungeheure Kraft der Existenz erwachsen. Eine verdoppelte Kraft zur eigengearteten Existenz, wenn die Haupteigenschaft eines Stammes an und für sich das Nur-Existente, das Dasein-Behauptende, in sich Befriedigte, nach außen nicht Begehrende, sondern Abwehrende immer schon gewesen ist. Der Bayer hat in der Politik nie den kühnen, genialen Gedankenflug des Schwaben besessen, niemals den klaren, konsequenten Machtwillen des märkischen Preußen. Es fehlt ihm jede wirkliche Aktivität. Dagegen sind seine Kraft und sein Willen zur Selbstbehauptung unerhört. Die deutsche Geschichte weiß ein nicht immer angenehmes Lied davon zu singen. Allweil rebellisch ist der Bayer, wenn er fühlt, daß er etwas zugestehen soll; kaum hat man ihm eine Extrawurst abgejagt, läßt er sich eine neue braten; fünfmal denkt er an sich, bevor er einmal aufs Ganze schaut; ist kein böser Nachbar, aber ein haariger; einer, der immer bereit ist, einen kleinen Aufstand mitzumachen, weil er eine »Gaudi« und das Raufen gern hat; aber er weiß nichts vom Ziel der Rebellion, und wenn's ihn nicht mehr freut, dann geht er heim und denkt sich etwas. Und so ist er schwer zu fassen, obwohl er zwar nicht ganz ohne Schläue, aber weiß Gott nicht gewandt, durchtrieben oder gar falsch ist.
Wie gehen denn die Beziehungen Bayerns zum Reich an?

»Wann und wie die Bayern unter fränkische Herrschaft geraten sind, läßt sich nicht sicher bestimmen; jedenfalls werden sie unter Theudebert I. (534–548) bereits zu dessen Reich gerechnet. Allem Anschein nach haben heftige Kämpfe zwischen Bayern und Franken nicht stattgefunden, die Unterwerfung erfolgte wohl friedlich durch Vertrag. Von Anfang an war die Abhängigkeit der Bayern eine ziemlich lose; sie zahlten keinen Zins und standen unter besonderen Herzögen, den Agilolfingern.« – Mit dem nicht gezahlten Zins geht es also an. – »Im Laufe des 7. Jahrhunderts wird das Herzogtum immer unabhängiger; am Ende dieses Jahrhunderts regiert Herzog Theodo; er ist tatsächlich vollkommen selbständig ... Der Herzog ist dem Frankenherrscher Treue schuldig; im übrigen regiert er in eigenem Namen.« – Dieser letzte Satz ist tief bedeutsam: im übrigen ... – Im 8. und 9. Jahrhundert wird es kritischer für die Bayern, die natürlich bei jedem Aufstand gegen das Reich dabei sind. Die Karolinger sind scharfe Burschen, die einem auf die Finger sehen, und dem Pippin muß der Tassilo gar den Vasalleneid schwören. »Für den Augenblick scheint die Macht des Reiches wesentlich dadurch gestärkt zu sein, wenn auch die bereits früher an Bayern gewährte Selbständigkeit, die sich in Verwaltung, Rechtspflege und Gesetzgebung ausprägt, dem Herzog gelassen wird.« – Juhe, es ist halt doch nicht ganz gefehlt; den Alemannen ist es viel schlechter gegangen und den Sachsen auch. – Aber Karl der Große setzt den ungetreuen Tassilo ab. Schlechte Zeiten! Die Sachsenkaiser kommen. Vorher schon unter Konrad I.: »Noch unbeschränkter (als die Burchards von Schwaben) war die Stellung Arnulfs von Bayern; er übte fast absolute Macht.« Dann unter dem »Gründer der nationalen Monarchie«, Heinrich I.: »921 kam es zur Auseinandersetzung mit Arnulf von Bayern ... Auch hier gelang eine friedliche Einigung; Arnulf behielt fast alle Hoheitsrechte, selbst die Besetzung der bayrischen Bistümer. Er führt sogar auf eigene Faust Krieg, übt also selbständige äußere Politik; in den bayrischen Urkunden wird nur nach ihm datiert; es finden sich Münzen mit seinem Namen.« Den Sohn Arnulfs aber schmeißt der große Otto wieder einmal hinaus aus dem Land und setzt seinen eigenen Bruder Heinrich hinein. Schluß mit dem bayrischen Partikularismus? Keine Rede davon! Heinrich stirbt, und sein Sohn Heinrich, von der Mutter her ein Arnulfinger, wird ein ganz Aufsässiger. Wir wollen das nicht weiter verfolgen. Schließlich sagt Gebhardts »Handbuch der Deutschen Geschichte«, der gewiß unverdächtige Kronzeuge, dem ich diese Zitate entnommen habe, in seinem Überblick über die Entwicklung des Herzogtums bis zum Interregnum: »Sich die Verfügung über die Herzogtümer zu sichern, vor allem durch Beschränkung der Erblichkeit, das ist dann das Streben der (deutschen) Herrscher geblieben. An Stelle des Stammescharakters trat der territoriale unter erheblicher Verkleinerung des Besitzstandes, die zur Vermehrung der Zahl führte. Bis zum 12. Jahrhundert erlangte *in allen mit Ausnahme Bayerns* die königliche Gewalt ein völliges Übergewicht.«

Mit Ausnahme Bayerns! Ja, so fest verwachsen sind sie, der bayrische Boden und das bayrische Volk, daß keine königliche Gewalt von außen, keine territoriale Zersplitterung von innen mit ihrem gemeinsamen Eigensinn fertig wird. Daß ihre Herzöge, eingesessene und landfremde, Agilolfinger, Arnulfinger, Welfen und Wittelsbacher trotz mancher dynastischen Seitensprünge doch zu allervorderst bayrische Herzöge und bayrische Rebellen sind oder werden, weil sie das bayrische Blut hinter sich spüren. Es

ist diese ganzen Zeitläufe hindurch von fast allen Deutschen – es müßten keine sein – gegen das Reich gestänkert und gekämpft worden. Darin machen die Bayern keine große Ausnahme. Aber mit gleicher Zähigkeit und gleichem Erfolg hat kein deutscher Stamm Land und Eigenart behauptet. Auch heute noch geht es um die Zentralgewalt. Nach dem Ersten Weltkrieg hat man's den Kampf um den Einheitsstaat geheißen. Gegenwärtig erhitzt man sich an den Graden des Föderalismus. Es ist immer die gleiche Geschichte. Wie die Entwicklung sein wird, sein müßte, geht uns hier nichts an. Wir treiben keine Politik. Aber wer sich in der Vergangenheit ein wenig auskennt, betrachtet die Sache mit Ruhe und meint nicht, daß es sich da um etwas ganz Neues und Dringliches handelt. Entwicklung? Es geht viel vor und geht viel zurück auf dieser Welt und deswegen wackelt sie noch lange nicht.
Mancher Minister in Berlin hat vor vierzig Jahren geglaubt, er müßte ein mitleidiges Lächeln aufsetzen über die letzten bayrischen »Belange«. Wenn ein niederbayrischer Bauer, ein stolzer Herr, der über fünfzig Rösser und viel Gesinde regiert, so einem Lächler gegenübergetreten wäre und zur Antwort gegeben hätte: »Beurkundetermaßen sitzt meine Familie seit dreihundert Jahren auf meinem Hof. Und, wenn die Urkunden weiter reichen würden, vielleicht noch viel länger. Wahrscheinlich aber sitzen sie, die Meinen und ihre ganze Sippe, seit anderthalb Jahrtausenden auf diesem Fleck Erde und bebauen das Land, immer unter sich, immer dieselben, ein uralt eingestammtes Geschlecht zu einer Zeit schon, wo auf dem Boden, von dem aus du sprichst, sich noch die Schlawiner herumgetrieben haben und ein deutsches Land, überhaupt ein Land, erst werden sollte. Und du meinst, uns in ein paar Jahren weglächeln zu können, was vierzehn Jahr-

hunderte nicht weggebracht haben? Oder wo bist du her, daß du überhaupt lächeln darfst?« – Ja, wenn so ein Bauer das hätte ausdrücken können, wäre das mitleidige Lächeln auf seiner Seite gewesen. Nur allzusehr! Denn heute treiben sich dort die Schlawiner schon wieder herum. Aber er kann weder lächeln noch gescheit reden, höchstens tut er einen Fluch und denkt sich etwas Gewisses. Und er hat Recht damit. Denn das Sein ist oft stärker als das Reden.
Die deutsche Geschichte beginnt mit den bayrischen »Belangen«. Wahrscheinlich wird sie erst mit ihnen enden.
Wer die bayrische Sprache wirklich kennenlernen will, soll das bedenken und sich vor Augen halten, daß die dumpfe Exklusivität des reinen Bayerntums nicht etwa als hinterwäldlerische Verstocktheit abzutun ist, sondern auf dem hohen Alter einer stark in sich geschlossenen Kultur beruht, der gegenüber die helle, zivilisatorische Gewecktheit anderer, vielfach jüngerer deutscher Stammesschichtungen zwar viele Vorteile, aber keine Überlegenheit beanspruchen kann.
Das deutsche Österreich und Tirol, beide ebenfalls bajuwarisch besiedelt, haben unter anderen Lebensbedingungen als Altbayern eine nach Kultur und Sprache selbständige Entwicklung angenommen. Zwischen steilen Bergen und in Flußtälern, durch die endlose Generationen von Kriegern und Händlern nach Süden und Norden gezogen sind, hat sich die freiere Kühnheit des Tirolers gebildet, auch seine geschäftliche Tüchtigkeit und Schlauheit. Der Typ des Österreichers ist durch die Aufgaben der ursprünglich bayrischen Ostmark, die bezeichnenderweise alsbald zum selbständigen Träger der Eroberung und Kolonisation im slawischen und ungarischen Gebiet wurde, begonnen und durch die Aufgaben, vor die ihn die habs-

burgische Hausmacht stellte, vollendet worden: ein eminent politischer Mensch, ein Weltmann, lebenslustig im Pessimismus, weich und diplomatisch.

Gegen diese Brüderstämme ist die Sprachgrenze der Altbayern nicht sehr scharf gezogen. Sie verläuft in Übergängen. Schon in den bayrischen Alpentälern meldet sich das Tirolische durch rauhere Kehllaute langsam an. Noch allmählicher ist die Überleitung zum Oberösterreichischen. Das Innviertel gehört in seiner Entwicklung sogar eher zu Bayern. Andererseits muß aus der altbayrischen Sprachgrenze (in unserem, nicht im dialektgeschichtlichen Sinn) ein Teil von Altbayern selbst, also aus dem Fünfeck ausgeschlossen werden: der Bayrische Wald, der sprachlich sein besonderes Gesicht hat. Gegen die stammfremden Schwaben ist die Sprachgrenze klar gezogen. Daß – schon in der Gegend westlich Dachau – gewisse schwäbische Einflüsse bestehen, etwa der verstärkte Gebrauch von scht-Lauten innerhalb des Wortes, ändert daran nichts und darf nicht wundernehmen. Wie denn überhaupt in dem hiermit festgestellten bayrischen Sprachgebiet zwischen Lech, Donau, Inn-Salzach und den Alpen natürlich noch lokale Besonderheiten wahrzunehmen sind, die uns hier, da wir keine Dialektforschung betreiben, nicht zu stören brauchen.

München freilich, als einzige große Stadt, hat bemerkenswerte sprachliche Spezialitäten aufzuweisen. Doch stellen wir unsere Sprachlehre auf die breite Basis der bäurischen und kleinstädtischen Hochebene bis hinunter zum Donautal, auf der schließlich auch der Giesinger Luke mit seiner weniger edlen als unbekümmerten Sprechweise fußt.

4. Vom rückſichtsloſen Fragen bis zum Gerüſt der bayriſchen Sprache

Sagen Sie amol, wie haaßt tös Flüßli,
das wir eben lang foahren?
Ha?
Wie haaßt tös Flüßli?
Ha?
Wie heißt der Fluß hier?
Der Fluß? I kunnts Eahna net sagn,
i bi selba fremd in dera Gegend.

Lehre

1. Wenn du noch nicht Bayrisch kannst, drücke dich hochdeutsch, kurz und einfach aus, dann wirst du verstanden.

2. Frage nicht zu hartnäckig! Du wirst von einem Bayern niemals das erhalten, was du eine genaue Auskunft nennst.

Das Scharfe, Klare, Präzise liebt der Bayer durchaus nicht; es wirkt vielmehr aufreizend auf ihn. Durch bohrende, auf eine exakte Antwort abzielende Fragen gibst du dich als unverbesserlicher Preuß zu erkennen, erscheinst taktlos und machst dich sehr unbeliebt.

Eingeborene untereinander fragen sich natürlich auch. Aber das geschieht unter Beobachtung altherkömmlicher Regeln, die ein takt- und kunstvolles Spiel gewährleisten. Besonders wichtig ist der Anfang. Er muß mit einer Frage gemacht werden, die die Antwort schon in sich schließt. Angenommen, der A. sitzt in der Bahn, der ihm bekannte B. steigt in Endorf zu ihm in den Zug, und jetzt möchte der A. wissen, was der B. in Endorf getan hat. Er beginnt: »Bist in Endorf gwen?« – Ein Norddeutscher, der das hört, denkt sich: Blöd sind diese Bayern, das sieht er doch, daß der in Endorf war. Er ahnt nichts von der klugen Mäßigung des A. – Die Antwort des B. lautet: »Ja, z'Endorf bin i gwen.« Nun hat A. eine Pause zu machen oder etwas wie »so, so« zu sagen oder – noch besser – bestätigend festzustellen: »So z'Endorf bist gwen.« Liegt dem B. nicht viel an der Heimlichkeit, so wartet er eine gemessene Zeit und sagt es dann direkt: »A Sau hab i kafft (gekauft) bein Gruber«, eine Tatsache, die er – und darauf kommt es an! – für immer verschwiegen hätte, wenn er darauf angesprochen worden wäre. Ist er aber zäh und schweigt, so muß A. auf Umwegen weitertasten, etwa: »D'letzte Woch bin i aa z'Endorf gwen.« Jetzt ist es an B., zustimmend zu schweigen oder »so, so« zu machen. Worauf A. fortfährt: »Hab aber nixen kafft, weil allssamt z'teuer is.« Auf solche Anzapfungen, die niemals die Form klarer

Fragen annehmen dürfen, reagiert schließlich der andere, wenn er nicht beschlossen hat, überhaupt zu lügen.
Bei diesem Beispiel handelt es sich um wichtige persönliche Feststellungen, um Fragen, die an die Grundlagen der Existenz rühren. Aber auch weniger verfängliche Fragen, kleine unpersönliche Auskünfte (wie heißt jener Berg?, wie lange braucht man nach X.?, was ist die beste Verbindung nach Z.?) stoßen leicht auf Schwierigkeiten. Über das hinaus, was ihn ganz nahe berührt, besitzt der Bayer keinen großen Wissensdurst; weder der Bauer, noch der Städter. Er ist deshalb oft gar nicht in der Lage, Auskunft geben zu können. Aber selbst wenn er – und das kommt manchmal vor – gut unterrichtet ist, so fehlt ihm doch vollkommen das Bedürfnis, sein Wissen zu zeigen oder gar damit zu prunken. Dieser Ehrgeiz, der neben der Höflichkeit bei anderen deutschen Stämmen (Sachsen!) sicherlich zur Bereitwilligkeit beiträgt, gründliche und belehrende Auskünfte zu geben, ist dem Bayern fremd. Ihm erscheint eine lästige Zumutung, worin andere einen freudigen Anlaß erblicken.
Der wahre bayrische Beamte – in den Amtsstuben, an den Schaltern und in den Bahnen – hat das von Fremden gestellte Ansinnen, Auskunft zu erteilen, von jeher als Beleidigung empfunden. Erst in allerjüngster Zeit ändert sich daran etwas, unter dem Einfluß stammfremder Infiltration und obrigkeitlicher Belehrung. Viele Münchener Straßenbahnschaffner, besonders weibliche, sind beinahe höflich geworden. Ist das zu begrüßen? Handelt es sich um bedenkliche Degenerationserscheinungen? Lassen wir den Pessimismus beiseite und bleiben wir bei der Regel: Je weniger du fragst, desto besser fährst du!
Wir beginnen jetzt mit der Sprachlehre. Hierbei sind wir der oben erteilten Lehre eingedenk und reden zunächst

hochdeutsch weiter, verbannen aber von jetzt ab aus unserer Rede den zweiten Fall des Hauptwortes oder Genitiv. Denn:

Das Bayrische kennt keinen Genitiv

Wir werden später eine wichtige Ausnahme kennenlernen und auch in den Wörtern **deswegen, Goodsacker, Muttergottes** zweifellose Genitivbildungen feststellen können. Das ändert nichts an der Regel.
Die folgende Übung zeigt, wie sich der Genitiv vermeiden läßt. An seine Stelle tritt meist der dritte Fall oder Dativ in verschiedenen Arten der Verwendung.

Die Köchin **des** Pfarrers hat gesagt, daß der Rock **unserer** Großmutter zu kurz ist. Wegen **des** Vorwurfs hat die Großmutter lange nicht schlafen können. Dann hat sie den Saum **des** Rockes herausgelassen. Aber sie geht nicht mehr in das Haus **des** Pfarrers.

Dem Pfarrer **seine** Köchin hat gesagt, daß der Rock **von unserer** Großmutter zu kurz ist. Wegen **dem** Vorwurf hat die Großmutter lang nicht schlafen können. Dann hat sie den Saum **von dem** Rock herausgelassen. Aber sie geht nicht mehr in **dem** Pfarrer **sein** Haus.

Wenn also der Genitiv einen Besitzer anzeigt, so steht dafür im Bayrischen gerne der Dativ mit dem besitzanzeigenden Fürwort (Possessivpronomen), z.B. Barbaras Buch = der Barbara (Dativ!) ihr Buch; die Braut des Bürgermeisters = dem Bürgermeister seine Braut, oder schlicht: dem Bürgermeister die Seine.
In fast allen Fällen kann die Präposition (Verhältniswort) **von** mit dem Dativ gebraucht werden, z.B. ein Teil des Wagens = ein Teil von dem Wagen; das Dach unserer

Kirche = das Dach von unserer Kirche; die Arbeit eines ganzen Jahres = die Arbeit von einem ganzen Jahr.

Auf die Präpositionen **wegen, während** und **statt**, die im Deutschen den Genitiv regieren, folgt im Bayrischen der Dativ: Statt **dem** Trottel geht ein noch größeres Rindvieh mit. – Wegen so **einem** Hanswurst bleib ich nicht zu Haus. – Während **dem** Regen sind wir untergestanden.

Hier sei nebenbei und zur sofortigen Abgewöhnung bemerkt, daß dem Dativ der stark gebeugten Hauptwörter kein e als Endung angehängt wird. Es heißt also nicht:

   im Hause, am Tage, dem Staate,

sondern

   im Haus, am Tag, dem Staat.

Bei Verwandtschaftsbezeichnungen, Eigen- und Vornamen darf der bestimmte Artikel niemals wegfallen. Man sage nicht:

   Alois hat mich geschlagen. – Herr Huber ärgert sich, weil Anna mit einem Kutscher geht. – Mutter glaubt es Vater nicht, daß er bis jetzt im Büro gewesen ist.

sondern:

   Der Alois hat mich geschlagen. – **Der** Herr Huber ärgert sich, weil **die** Anna mit einem Kutscher geht. – **Die** Mutter glaubt es **dem** Vater nicht, daß er bis jetzt im Büro gewesen ist.

Auch der im Deutschen von einem vorangestellten Genitivattribut verdrängte Artikel kehrt im Bayrischen natürlich zurück: Georgs Zeugnis = das Zeugnis **vom** Georg (oder: dem Georg sein Zeugnis).

Wenn du so weit bist, daß dir kein lächerlicher Genitiv mehr herausrutscht beim Reden – wenn du überhaupt an keinen mehr denkst, hast du den ersten Schritt zur bayrischen Sprache getan. Jetzt kommt der zweite. Er fällt dir vielleicht noch schwerer:

Die bayrische Sprache kennt kein Imperfekt

Du darfst also die erste Vergangenheit (Imperfekt) des Zeitwortes (Verbum) nicht mehr gebrauchen, wenn es dich auch noch so hart ankommt. Du darfst nicht mehr sagen:

>ich ging spazieren, wir hofften, du wurdest rot, sie hatten recht,

sondern:

>ich bin spazieren gegangen, wir haben gehofft, du bist rot geworden, sie haben recht gehabt.

Auch das bekanntlich aus dem Imperfekt eines Hilfszeitwortes und dem Partizip des Perfekts eines Zeitwortes zusammengesetzte Plusquamperfekt (Vorvergangenheit) kann, da es ja kein Imperfekt gibt, nicht gebildet werden.

Es gibt nur eine Vergangenheit, die vollendete (Perfekt)

Für dringende Fälle, wenn das Zurückliegende ganz besonders unterstrichen werden muß, kann das Perfekt des Hilfszeitwortes mit dem Partizip des Zeitwortes verbunden werden, z.B.:

>Wir haben an dem Tag nur Wasser **getrunken gehabt,** darum hat uns am Abend das Bier so gut geschmeckt.

Es ergibt sich also eine sonderbare Abwandlung, die wir aber getreu der Regel nicht als selbständige Zeitform anerkennen, sondern als ein verstärktes Perfekt, als *doppeltes Perfekt* bezeichnen. Mit dem Hilfszeitwort sein wird das doppelte Perfekt noch seltener gebildet; es kommt aber vor:

>Weil er so schnell **gelaufen gewesen ist,** hat er einen rechten Durst gehabt.

Im allgemeinen genügt, wie gesagt, das einfache Perfekt vollkommen. Zeitfolgen innerhalb der Vergangenheit können ja auch durch Umstandswörter (Adverbien) klargelegt werden:

> Weil er so schnell gelaufen ist, hat er **hernach** einen rechten Durst gehabt.

Die folgende Aufgabe ist aus dem Deutschen unter Beachtung der bisher gelernten Regeln zu übertragen. Es entsteht dabei etwas, was man das Gerüst zur bayrischen Sprache nennen könnte. Die Wörter werden nachher die Ziegelsteine sein und die Aussprache der Mörtel. Den rühren wir im nächsten Kapitel schon an.

Aufgabe

Im Hause meines Onkels ging es neulich lustig zu. Wir feierten Tantes Geburtstag und saßen alle im Kreise herum. Da ging plötzlich die Tür auf und ein Mann fiel herein. Wer war es wohl? Onkel! Er hatte zur Feier des Geburtstages etwas getrunken und konnte nicht mehr stehen. Wir hoben ihn auf und führten ihn in Annas Zimmer. Kaum hatten wir ihn aufs Bett hingelegt, schnarchte er schon. Da mußten wir lachen. Aber Tante weinte. Das war einmal ein lustiger Tag.

Lösung

Im Haus **von** meinem Onkel **ist** es neulich lustig zugegangen. Wir **haben der Tante ihren** Geburtstag gefeiert und **sind** alle im Kreis herumgesessen. Da **ist** plötzlich die Tür aufgegangen und ein Mann ist hereingefallen. Wer **ist** das wohl gewesen! **Der Onkel!** Er hat zur Feier **vom Geburtstag** etwas **getrunken gehabt** und **hat** nicht mehr stehen können. Wir **haben** ihn aufgehoben und in **der Anna ihr Zimmer** geführt. Kaum **haben** wir ihn aufs Bett hingelegt, **hat** er schon geschnarcht. Da **haben** wir lachen müssen. Aber **die** Tante **hat** geweint. Das **ist** einmal ein lustiger Tag gewesen.

5. Den Loabitoag haben die Preußen erfunden

»Sagen Sie einmal: Loabitoag!«
Mit diesen Worten pflegt die von Unkundigen geführte Unterhaltung über die bayrische Aussprache gewöhnlich ihren Höhepunkt zu erreichen. Der Loabitoag hat eine unglaubliche Berühmtheit erlangt und gilt als klassischer Prüfstein. Neckische Heiterkeit verbreitet sich auf allen Mienen, wenn der also Geprüfte herausstößt: »Lorbitork« oder »Lorwitock«. Der Anfänger, der Ahnungslose! Meistens endet es damit, daß einer der Fortgeschrittenen, mit holdem Erröten zwar, doch in schöner Sicherheit erklärt: »Lo-awido-ag!!« Allgemeine Bewunderung ist ihm gewiß.
Wenn da ein Bayer zuhört, muß er furchtbar lachen, weil sie sich alle miteinander so viel Mühe geben. Zum Beweis, daß sie nicht bayrisch reden können, bräuchten sie sich nämlich gar nicht so anzustrengen. Man merkt es so schon beim ersten Wort, wenn sie das Maul aufmachen, und es braucht kein Loabitoag zu sein.
Möglich ist es immerhin, daß ein Bayer diese Sache einmal ausprobiert hat, aber ich behaupte steif und fest: Den Loabitoag haben die Preußen erfunden, damit sie sich gegenseitig besser kennen und sich etwas vormachen können.
Wie in vielen dummen Schlagwörtern steckt übrigens auch im Loabitoag ein Körnchen Wahrheit, und das ist die, daß die Vokalverbindungen oa, oi, ia, ua, ui usw. eine bayrische Spezialität darstellen und sehr schwer auszusprechen sind. Mindestens dieselbe Schwierigkeit bereitet aber schon die Aussprache der einfachen Vokale. Diese werden im Bayrischen so reichhaltig abgestuft wie in kei-

nem anderen deutschen Dialekt, und die Wichtigkeit des Vokals überhaupt hat ihr Gegenstück nur im Italienischen. Mit dem Französischen dagegen vergleichen läßt sich der Drang der bayrischen Aussprache, Wörter und Wortfolgen ganz eng zu verbinden. Einschiebsel und Formveränderungen sind die Folge.

Vergleiche etwa: a-t-on vu? wia-r-i gloffa bi.

Ebenfalls mit dem Französischen hat das Bayrische neben der nicht aspirierten Aussprache der harten Konsonanten die nasalen Vokale gemeinsam, die eine, meist übersehene, große Rolle spielen. (Es ist sicher kein Zufall, daß in den bayrischen Schulen nicht dieselbe greuliche französische Aussprache gelehrt wird wie fast überall in Norddeutschland.)

Mõh = Mann, stēh = stehen, hĩ = hin.

Man sieht, es geht hier ohne besondere Zeichen nicht ab. Ebensowenig bei der ganzen Skala der bayrischen Vokale, die, wie ich noch einmal betone, das Um und Auf der Aussprache bedeuten und eben *gelernt werden müssen*. Ich habe mich bemüht, die Zeichengebung möglichst zu vereinfachen.

Die folgende, langweilig aussehende Lautlehre muß einmal genau durchgegangen werden. Weiterhin genügt dann die kurze Zusammenstellung der Vokale auf dem Lesezeichen.

Die Konsonanten d, t–b, p–g, k

Die weichen Konsonanten dieser drei Gruppen unterscheiden sich in nichts von der deutschen Aussprache. Nur das **b** wird als Inlaut zwischen zwei Vokalen so weich gesprochen, daß es fast zu einem w wird.

t, **p** und **k** werden nicht so hart gesprochen, wie im Schriftdeutschen. Doch verfalle man ja nicht ins sächsische Gegenteil. Eine wahllose Vermischung von harten und weichen Konsonanten gibt es nicht! Das Weichere der Aussprache bei t, p und k beruht vielmehr darauf, daß sie nicht aspiriert, d. h. nicht so ausgesprochen werden, als ob jedesmal ein h danach käme. Der Deutsche sagt: die T-hüre, die P-host, die K-herze – der Bayer läßt das h weg, spricht also ähnlich aus, wie der Romane sein t, p, c. Vielleicht um eine Nuance weicher, d.h. weniger energisch. Außerdem werden die harten Konsonanten in bestimmten Fällen aufgeweicht, aber streng nach sprachlichen Gesetzen, nicht willkürlich.

t als Auslaut nach obiger Anweisung: Tarock, Wirt; als Inlaut in vielen Fällen vollständig aufgeweicht; dann als d bezeichnet: Wehda = Wetter;

p als An-, In- und Auslaut nach obiger Anweisung: Peppi, Glump;

k als Anlaut der härteste Konsonant, ein wenig aspiriert: Kas = Käse, Kutscher;
als In- und Auslaut nach obiger Anweisung: Lackl, Dank; als Inlaut in einzelnen Fällen aufgeweicht; denn entsprechend bezeichnet: dengga = denken. (Hier verlangt die bayrische Schreibweise im Gegensatz zu unten [bei den Doppelkonsonanten] kein doppeltes, sondern nur ein einfaches Lautwerden des g. Würde denga geschrieben, so dürfte ja gar kein g hörbar werden.)

Das r

wird nicht wie bei manchen Norddeutschen hinten im Rachen gegurgelt, vielmehr vorne mit Hilfe der Zähne fabriziert, ganz nach der Manier der Italiener. Nur daß es nicht so ausgiebig und prächtig gerollt, sondern nachlässiger behandelt wird. Wiederum aber nicht so nachlässig wie von den Wienern, die statt Herr »Heea« sagen.

Das l

wird in bestimmten Fällen mouilliert, aufgeweicht, nicht unähnlich dem Französischen. Dieses Glanzlicht werden wir deinen bayrischen Sprechkünsten in einem späteren Kapitel aufsetzen.

Doppelkonsonanten

berechtigen nicht dazu, den vorhergehenden Vokal außergewöhnlich kurz auszusprechen (vgl. auch unten über die Kürze der Vokale). Dagegen wollen sie selbst oft nach italienischem Muster als doppelte, d.h. längerdauernde Konsonanten deutlich werden. Wenn wir schreiben:

essn, Suppn,

so bedeutet das eine Aussprache, etwa wie:

es-sn (essen), Sup-pn (Suppe),

natürlich ohne daß der Konsonant zweimal angesetzt wird. Wo Doppelkonsonanten einfach ausgesprochen werden, schreiben wir sie auch so, z.B. Schihf = Schiff.

Zusammengesetzte Konsonanten

st und **sp** werden im Anlaut scht und schp gesprochen wie im Deutschen. Wir lassen die übliche Schreibweise bestehen und schreiben nur, wo die Aussprache von der deutschen abweicht, scht und schp:

Wurscht, Gischpi;

gn entsteht häufig durch das Verschlucken des e in der Endung -en, wenn diese auf ein g folgt:

Regn, sagn, glogn (= gelogen).

Die beiden Buchstaben müssen so schnell und weich ineinandergesprochen werden, daß annähernd ein ng daraus wird. Aber nur annähernd! – Ebenso weich ineinandergesprochen werden die Konsonantenverbindungen bn und dn. Dabei entsteht aus

bn beinahe ein m. Wenn wir daher schreiben:
Lebn (Leben), klingt es annähernd wie lehm, hebn (heben) annähernd wie hehm.
In manchen Fällen wird es ganz zum m. Dann schreiben wir es auch so:
mir ham (habn) = wir haben;
dn beinahe ein n. Wenn wir schreiben:
redn (reden), klingt's fast wie rehn,
Kedn (Kette) fast wie kehn.

Vokale

Kürze und Länge: Die bedächtige Art des Bayern, seine Abneigung gegen alles Übertriebene zeigt sich auch hierin. Sehr kurze, knapp oder gar scharf gesprochene Vokale kommen in betonten Silben nicht vor. Ebensowenig werden Vokale übermäßig gedehnt, wie im Sächsischen oder in manchen badischen Gegenden. In gemäßigtem Sinn gilt also das Folgende: Lange Vokale sind durch nachfolgendes **h** bezeichnet (ah, eh, usw.), kurze Vokale gar nicht. Ganz kurze Vokale, die es nur in unbetonten, gleichsam vernachlässigten Silben gibt, erhalten das Zeichen ˘, z.B. Radĭ, stinkăt.

Klangwerte: Das bekannte Zeichen ¯ ist hier nicht, wie gewöhnlich, ein Längenzeichen, sondern bedeutet ohne Rücksicht auf die Länge den *geschlossenen* Vokal. Also achtgeben!

Das Zeichen ˜ bezeichnet den *nasalen* Vokal, der im Bayrischen zugleich immer ein geschlossener ist.

Zunächst lernen wir folgende Vokale:
āh geschlossenes langes a wie in Rasen, nur noch etwas heller: Bazi (bāhzi);
 ā derselbe Laut kurz; Gwachs (gwāx);

ă ganz kurzes farbloses a, etwa wie ein sehr dumpfes ä; ähnlich dem englischen Artikel a, jedoch tiefer in der Gurgel angesetzt und tiefer klingend: ă (= ein, englisch a), Wassa (was-să);

ah bayrisches Normal-a, lang; offener als āh, tief in der Gurgel gebildet; daher mit einer dunklen Färbung, jedoch nicht zu deutlichen Beimischung von o: War (**wahr** = Ware),

a bayrisches Normal-a, kurz: Wassă, Krampf;

oh langes, ganz offenes a; mit seiner starken Beimischung von o etwa dem ganz offenen (italienischen) o entsprechend: Tag (**tohg**);

o derselbe Laut kurz;

ēh langgeschlossenes e wie in Beere: Leder (lēhdă);

ē derselbe Laut kurz: gwen (gwēn = gewesen);

ĕ ganz kurzes helles e in unbetonten Silben; als Endung ins i hinüberschillernd (siehe ĭ!): dĕ (= Dativ Plural des bestimmten Artikels);

e halboffenes kurzes e wie in Herz, doch etwas heller: H**e**rz, B**e**rg, P**e**ppi;

äh langes offenes e, jedoch nicht so dunkel wie das ä in Bär: Letschn (**lähtschn**) (= etwa das norddeutsche »Fresse«);

ä derselbe Laut kurz: geh! (gä);

ö jener mäßig kurze Vokal, der in dem Wörtchen »dös« vorkommt. Der Norddeutsche spricht ihn gewöhnlich aus wie das ö im deutschen Wort Höschen. Das bayrische ö ist aber viel heller und liegt in der Mitte zwischen e, ä und dem deutschen ö. Es ist also ein e-Laut mit nur ganz geringer Beimischung von o. Und wer ihn nicht richtig trifft, tut tatsächlich am besten, ihn wie das halboffene e zu sprechen.

ih langes i; kommt kaum vor, da in der Regel durch den

Nachschlagvokal ia ersetzt. Eins der wenigen Beispiele: Viech (vihch);

i kurzes i;

Diese beiden i werden weit hinten in der Gurgel gesprochen und erhalten dadurch einen etwas dunklen Klang. Sie dürfen aber nicht – das ist das Kunststück – wie ü klingen!

ĭ ganz kurzes i in unbetonter Silbe; mit ziemlich offenem Mund zu sprechen und daher dem ĕ ähnlich: Mari (mahrĭ = Marie);

ōh langes geschlossenes o wie in Rose: Hosn (hōhsn = Hose);

ō derselbe Laut kurz: Vorn (vōrn = vorne), Ort (ōrt);

o halboffenes kurzes o wie im deutschen Wort Pforte;

uh langes u;

u kurzes u.

Umlaute

ä und ö sind in ihren vorkommenden Formen schon oben enthalten. Es gibt weder das tiefe ä noch das geschlossene ö wie in den Wörtern Bär und Röschen, wenn sie im Burgtheater erklingen. Ebenso schreiben wir den Umlaut

ü in der gewöhnlichen Schreibweise, obwohl er ganz hell, näher dem i als dem ü, ausgesprochen wird. Also beachten: ü klingt beinahe wie i.

6. Er zieht sich nicht gern aus

Man erzählt sich – ich bin nicht droben gewesen – daß in Schweden Männlein und Weiblein so, wie sie Gott geschaffen hat, gemeinsam im Freien baden, ohne sich etwas Böses dabei zu denken. So weit ist man in Deutschland noch nicht; man bedeckt noch das Allernotwendigste. Aber die Trennung nach Geschlechtern und die Tafel »Dreieckshosen verboten« sterben in den Bädern allmählich aus. Kurze Röcke, strumpflose Beine und am allermeisten der Sport haben an den Anblick des menschlichen Körpers gewöhnt.

Bayern liegt nicht in Schweden. Es liegt, was seine Sitten anbetrifft, auch nicht immer in Deutschland. Bei der Körperkultur tut es nicht mit. Dem Bayern sind, obwohl er beides besitzt, weder Körper noch Kultur geläufige Wörter, mit Ausnahme der Moorkultur, die ihm staatlich empfohlen ist. »Leibesübung« kann er schon eher verstehen – und damit verhält es sich so: Er hat jahraus, jahrein genug davon, auf dem Acker und im Heuboden, bei der Holzarbeit, beim Torfstechen und Brunnenmachen. Wenn er eine »Entspannung« braucht, dann setzt er den matten Leib am liebsten beim Ofen, vor der Haustür oder in der Wirtschaft auf eine Bank und bleibt darauf hocken. Da ist's gleich gar mit dem Sport, wenn man so zusammengerackert ist.

Du sagst, du hättest bei uns im Gebirg wunderbare Kerle gesehen beim Skilaufen, richtige Sportfiguren unter den Bauernburschen. Und im Sommer am See seien die Buben mit nackten braunen Oberkörpern herumgerudert und hätten auf dich gewartet, um dich überzusetzen. Sport und Sonne? Man kennt sie auch bei uns.

Die jungen Leute von München, Rosenheim und Traunstein fahren im Winter zum Skilaufen in die Berge, im Sommer zum Klettern. In den Gebirgsdörfern selber wächst eine Generation von Skiläufern hinter der anderen auf. Die jungen Burschen sind in der Abfahrt und im Springen kaum zu schlagen. Die Mannschaften von 1860 und Bayern München gehören, seit man in Deutschland Fußball spielt, immer zur Spitzenklasse. Die bayrischen Motorrad-Rennfahrer und die bayrischen Boxer sind immer unter den besten gewesen, weil sie harte Schädel und eine verwegene Schneid haben.

Das ist der bayrische Sport. Man sieht gleich, daß er *die* Sorten bevorzugt, wo es zu kämpfen gilt, wo es wild auf und schnell dahin geht, wo die Härte den Ausschlag gibt und jeder weiß, daß etwas Richtiges dabei herausschaut. Aber für die »reine« Körperkultur, solche Sachen wie

Medizinballwerfen, schwedisches Turnen oder gar rhythmische Gymnastik mit »Schöpfen und Streuen«, blödem Herumhupfen und dem Gered vom geistigen Erlebnis des Körpers – dafür hegt man tiefe Verachtung. Das sind einfach Krämpf, und die es ausüben, höchstens Zugereiste und Schlawiner.

Auf Anmut wird nämlich bei uns wenig Wert gelegt, und nicht viel mehr auf die Schönheit des Körpers. Diesen zu entblößen, besteht durchaus keine Neigung. Freilich ist diese herkömmliche Auffassung durch den Sport mancherorts durchbrochen worden, bei der Stadtjugend und draußen in den von Fremden stark besuchten Wintersport- und Sommerkur-Orten. Aber gerade hier ist sowieso schon vieles unbayrisch geworden. Hier geben sie sich nicht mehr, wie sie sind, sondern wie die Fremden sie gerne haben möchten. Wenn sie früher nie geschuhplattelt haben, tun sie's jetzt den ganzen Tag. Sie schnalzen und schneckeln und jodeln und machen »Watschentanz« – direkt zum Erbarmen. Bauernburschen, die früherszeiten auf dem Feld geholfen haben und in den notigen Sommern von heutzutag erst recht helfen müßten, flacken schon am hellichten Vormittag vor ihren Autoboxen herum und schauen, daß sie einen Dummen erwischen, dem sie seinen Wagen recht teuer einstellen können. Die, die früher einmal stolz und zurückhaltend gewesen sind, die hängen jetzt ihre »urboarische« Derbheit den Fremden ganz nah unter die Augen, damit sie sie ja nicht übersehen. Sie sind so treuherzig, so bieder und zutraulich, daß es einem graust. – Aber das Jammern hilft mir nichts; es ist einmal so, und es kommt eben auch davon her, wo alles herkommt, vom Fremdenverkehr. Die Fremden sind weniger daran schuld als ihr Geld.

In den stilleren Gegenden – es sind, wenn man das ganze

große Altbayern bedenkt, immer noch die mehreren – hat das keine Geltung. Dort hat man sich zwar einigermaßen motorisiert, aber der Geist ist noch der alte. Man trägt eine halbstädtische Kleidung, aber sie ist wahrer als die Trachten genannten Uniformen mancher Volkstrachtenerhaltungsvereine. Die ziehen den Burschen vom Flachland die kurze Wichs, die man dort nie gekannt hat, über die ungeschlachten Glieder und bringen ihnen ein Duliöh bei, von dem ihre Vorväter nichts gewußt haben. Es gibt noch weite Landstriche, sage ich, auf die die prachtvolle Beschreibung im »Agricola« fast unverändert paßt: »So wenig, wie auf die äußere Schmückung legt dieses Volk auf die sonstige Pflege des Körpers übergroßes Gewicht.« Ja, der Thoma – der hat es am besten gewußt.

In diesem alten Bayern ist die Körperkultur unbekannt. Hier schützt man sich vor den Sonnenstrahlen, statt sich ihnen auszusetzen und labt die durstige Seele lieber an einem nahrhaften Trunk als am Anblick menschlicher Gliedmaßen. Es ist nicht leicht festzustellen, ob das Volk einen solchen Anblick nicht begehrt, weil er bei ihm nicht schön zu sein pflegt, oder ob er deshalb nicht schön ist, weil man ihm keinen Wert beimißt. Wahrscheinlich geht beides Hand in Hand. Und sicher nimmt von früher Jugend auf das zähe harte Werkeln dem Körper die Beweglichkeit, macht ihn plump und vor der Zeit alt. Auch die Frauen verblühen bald, die reichen nicht langsamer als die armen; denn auf einem großen Hof haust sich's nicht leichter. Was gilt, ist die Arbeit. Die Schönheit zieht sich zurück in die verwitterten Gesichter. Köpfe kann man genug finden, neben denen auch die glücklichsten Resultate der modernen Schönheitspflege grausam abfallen.

Von der uralten, begründeten Sitte der Bauern schließen sich die eingestreuten Kleinstädter nicht aus. Auch sie meiden des Leibes Übung als Selbstzweck. Nicht wie jene, weil sie überanstrengt wären – ihren Wampen täte Bewegung sehr gut – sondern weil sie es nicht anders wissen. Bauernsitte ist Landessitte.

Trotzdem wir es wissen, daß er nicht gern sein Gewand auszieht, schauen wir uns jetzt doch einmal einen richtigen Bauernmenschen an, wie sein Leib zusammengestellt ist. Gewiß nicht anders, meinst du, wie der von einem Preußen? Kann schon sein, aber jede Sprache hat ihre Wörter und jedes Wort seinen eigenen Sinn. Und jetzt geht's los mit den 999 bayrischen Wörtern, jetzt heißt's aufpassen! Mit ausgefallenen und überflüssigen Ausdrükken tu ich mich nicht protzen, es ist alles für den Hausgebrauch.

Der Leib besteht aus der **Haut,** dem **Fleisch,** der **Fetten** (fëttn) und an Stelle der Knochen aus Beinern (bōană). Dies letztere Wort ist das deutsche Gebein. Ebenso entspricht dem Geblüt das **Blüät;** das wird aber nicht nur gesagt, wenn das Blut in seiner Gesamtheit oder Beschaffenheit gemeint ist (wer kränkelt, hat ein schlechtes Blüat), sondern auch sonst manchmal. Wenn man z.B. einen richtig herhaut, dann lauft ihm das **Blüat** aus der Nasen, in manchen Gegenden aber auch das Blüat. Oder man hat ihm aus Versehen das **Biß** (bihs), eingeschlagen, worunter man nicht nur die aus taufrischen Heimatromanen bekannte feste Fügung prächtiger Zähne, das Gebiß, versteht, sondern auch die in Wirklichkeit vorherrschenden, lückenhaften Reihen verfaulter Stumpen. Jetzt sind wir schon beim Kopf. Er ist hart und heißt meistens **Schädel** (schedl). Der Ausdruck **Kopf** (kŏhpf) wird mehr in gehobenen Berichten gebraucht, z.B. »d'Maschin hat ihr ăn Kopf weggrissn«. Meistens mit Kritik verbunden sind die überwiegend städtischen Bezeichnungen **Beli** (bähli) und **Dētschi**.

Der wichtigste Teil des Kopfes scheint der Mund zu sein, wie die große Zahl seiner Namen beweist. **Mäu** (mei) = Maul wird im allgemeinsten verwendet und hat keinen schlechten, nicht einmal einen groben Beigeschmack. Die **Goschn** und das **Goscherl** betonen die lieblichen, die **Votz** (fōhz) oder Votzen (fōhzn, Einzahl!) die derben Eigenschaften dieses Körperteils, das letztere aber in durchaus sachlicher Weise, während die **Trēntschn** und die **Letschn** (lähtschn) ein abfälliges Urteil in sich schließen. Bei **Dreckschleuder** (drēhgschleidä) versteht sich das von selbst.

Als *pars pro toto* wird Trentschn und Letschn auch zum Gesicht gesagt. Daneben, häufiger und neutraler das **Gfries** (gfrihs).

An den **Augen** (augn) und der Nase (die **nohsn**) ist nur die Aussprache bemerkenswert, an die Ohren wird meist etwas angehängt (**ōhrwäschl**). Daß man beim Menschen wie bei einem Roß von **Lefzen** (lefzn) spricht, wundert einen nach dem Maul nicht mehr.

Die Haare (**hahr** oder **hohr**) gehen dem Bauern auch im Alter nicht leicht aus, man sieht selten eine richtige Platte (**plattn**, Einzahl!) und muß schon in die Städte gehen, wenn man viele **Plattătĕ**, d. h. Kahlköpfige, treffen will.

Unter dem Kopf kommt der Hals. Man nennt ihn aber nicht allzu oft bei diesem Namen, der ein aufgeweichtes l hat und schwer auszusprechen ist (**hoĭs**, siehe S. 58f.), sondern zerlegt ihn. Wenn du einem Bayern an den Hals willst, dann packst du ihn entweder hinten beim **Gnāck** oder vorn bei der **Gurgel** (gurgl). Das Gnack ist breit und stark, und wenn der Hals vorn auch breit ist und noch dick dazu, so heißt man's einen **Kropf** (krōhpf). Dieser ist ungemein häufig. In München sagt man, daß er vom kalkhaltigen Leitungswasser käme. Es scheint aber, daß die ungeleiteten bayrischen Wasser nicht weniger Kalk enthalten. Der Kropf wird nur als Fehler betrachtet, wenn man daran stirbt. Doch gilt auch das als ehrenvoller Tod. Auf unserer Wanderung nach unten gelangen wir zur Brust.

Sie spielt eigentlich beim weiblichen Geschlecht eine Rolle. Davon später! Ich vergesse es bestimmt nicht.

Die Gegenseite ist der **Buckel** (buckl). Der untere Teil desselben, das **Kreuz** (kreiz) wird gern auch aufs Ganze angewendet, vor allem bei schmerzlicher oder drohender Erwähnung, d.h. wenn es einem weh tut oder dem anderen abgeschlagen werden soll. Hier bleibt es jedoch meistens bei der Versicherung.

Es schließt sich an ein Körperteil, dessen klangvollen Namen der Bayer vielleicht nicht ganz so oft ausspricht, als man anderswo glaubt, aber immer noch oft genug. Die gemilderte Form hat übrigens bei uns nicht vier Buchstaben, sondern schreibt sich »der **Hintern**«.

Der Bauch wird schlicht **Bauch** genannt und im scherzhaften Gespräch gerne durch die **Wampn** ersetzt. Im Ernstfall ist eine Wampn aber nur ein dicker Bauch, während zum normalen – *totum pro parte* – **Leib** gesagt wird. Damit ist in diesem Fall Unterleib gemeint. Wenn einer recht viel frißt und es ihm den Leib zerreißen würde, kämen die **Därm** (= Gedärme) heraus. Wir wollen es aber nicht hoffen.

Sehr peinlich ist es schon, wenn man sich den Magen (**mogn**) verdirbt, oder gar, wenn die **Lung** oder (die!) **Lungl** nicht in Ordnung ist. Dieses heißt man die **Sucht** (= Schwindsucht).

Auch das **Spinnen** (Verrücktsein) ist nicht angenehm.

Spinnät wird derjenige genannt, dem etwas am **Hirn** (= Gehirn) fehlt; nicht etwa derjenige, dem es an Hirn fehlt – der ist höchstens **dāppĭ** oder **deppăt,** was mit »etwas dumm« übersetzt wird und keine Krankheit ist.
Nervenleiden kommen nicht in Betracht, da der Bauer Nerven in diesem Sinne nicht besitzt. **Nerfähse** gibt's also höchstens in der Stadt.
Die Extremitäten (**gliădă** oder **gliadmaßn**) sind lang und sehr brauchbar, was Kraft- und Dauerleistungen betrifft, weniger für die schnelle Bewegung.
Die Arme (**arm,** Ein- und Mehrzahl) saugen nach dem Sprachgebrauch ihre Stärke aus der Achselhöhle, **Irxn** genannt. Es bedeutet also **Irxnschmalz** Kraft in den Armen. Die **Hände** (hend, Einzahl hand), mindestens ebensooft als **Pratzen** (prazn) bezeichnet, sind bei den Bauern große, ziemlich harte und steife Gebilde, die in noch steifere, sich wie Baumwurzeln anfühlende **Finger** (fingă) ausmünden. Für diese sagt man noch, aber nicht allgemein, **Glubberl** oder **Griffĭ.** Daß die Beine **Haxn** heißen, ist dank dem vortrefflichen Gericht der Kalbshaxe auch im Ausland bekannt. Die Füße (**füăß,** Einzahl **fuăs**) mit den vorgelagerten Zehen (**zähchă**) zeichnen sich oft mehr durch ihre Größe als durch helle Farben aus. Schließlich sind noch, und vor allem beim weiblichen Geschlecht, die Waden (**wādl**) wichtig. Hier wie an anderen Körperteilen schätzt man unabhängig von der Tagesmode die angenehme Rundung.

7. Vom Gruß und von den Namen

Wenn du mit einem solchen Menschen zusammentriffst, wie wir ihn gerade angeschaut haben, ist die erste Gelegenheit, deine Sachkenntnis zu zeigen, der Gruß. Du brauchst nicht »Guten Tack!« oder »Guten Tach!« sagen, es genügt schon, »Guten Tag!« um dich als Ausländer zu brandmarken. Die bayrischen Grußregeln sind nicht kompliziert, aber sie müssen streng eingehalten werden. Wann wird gegrüßt?
Auf dem Land jeder von jedem bei jedem Zusammentreffen. In den Städten grüßen sich nur, die sich kennen, das sind in den Kleinstädten so ziemlich alle, in den mittleren viele und in München wenige. Fremde brauchen also in den Städten nicht zu grüßen.
Die Grußbewegung, d. h. das Hutabnehmen der Männer und Kopfnicken der Frauen, spielt auf dem Land keine wichtige Rolle. Fremden gegenüber wird sie mitunter gemacht, doch kommt der Hut nicht weit vom Kopf. Die Hauptsache ist die mündliche Begrüßung.

Der bayrische Gruß heißt »Grüßgott!«

Wer's nicht glaubt, wer da grinst und meint, der bayrische Gruß sei etwas anderes, der muß noch eine Zeitlang Geduld haben. – Die obige Formel wird verschieden gebraucht. Beim Begegnen Unbekannter oder solcher, mit denen man ein Gespräch nicht anzuknüpfen gedenkt, wird ohne jede Betonung ein schwaches **grüäsgōhd** oder, verkürzt, **sgōd** hergesagt. Trifft man einen erfreulichen Bekannten, heißt es: **grüäß dĭ gōhd, Hansĕ** oder **Loibl, grüäß dĕ** (dĭ), wobei der Name oft vorausgestellt wird. Dadurch erhält der Name ein größeres Gewicht – es ist ein

Akt der Höflichkeit. Wenn jemand zu einer Gruppe von Menschen hinzutritt oder sich zu einer Tafelrunde einfindet, sagt er **grüäsgōhd beinand.**

pfüät dĭ gōhd (= behüt dich Gott), **pfüäggōhd** und **pfüäggōhd beinand.** Von den Tageszeiten wird manchmal **guădn morgn** oder **guădn mōring,** niemals »guten Tag« oder »guten Abend«, dagegen oft, wenn man sich zur Ruhe begibt, **guădĕ nacht** oder **guădnacht** gewünscht.

In der Stadt sagt man ebensogut wie auf dem Land Grüßgott, zum Abschied aber häufig »Adieu« (ausgesprochen **adiöh** oder gar **adiäh**). Übrigens hört man auch auf dem Land hie und da adiäh oder die alte Form **adiōs.** Überwiegend städtisch ist die Gruß- und Abschiedsformel »Habe die Ehre« (**hawĕdiährĕ**), die vom kleinen Bürger und ehrsamen Beamten gerne gehört (»habe die Ehre, Herr Oberinspektor«), aber auch ohne Titel burschikos gebraucht wird. Wer als Unbekannter an einem besetzten Wirtshaustisch Platz nimmt, sagt »mit Erlaubnis« (**midălāmnis**), ohne sie deshalb abzuwarten, und spricht die Nächstsitzenden mit »**Herr Nachbar** (nachbă)« an.

In der Schulsprache, unter Freunden jeglichen Alters und Standes, bei Studenten und in der Lukisprache ist immer noch häufig der Gruß **Servus;** er wird nicht wie in Österreich – wo er allgemein verbreitet ist – seawas ausgesprochen, sondern serwus. Das u ist allerdings ton- und farblos. Bei den Namen – das haben wir schon gelernt – darf der bestimmte Artikel in den Fällen, wo er stehen könnte, nicht wegbleiben. Merke dir ferner:

Vornamen sind keine Vornamen

- vielmehr eigentlich Hinternamen, denn es heißt nicht Josef Gerstmaier oder Resi Weinzierl, sondern Gerstmaier Josef und Weinzierl Resi. Die Regel ist genau so streng wie im Ungarischen, wo sie auch nicht Janos Hunyadi sagen, und nur die ganz feinen Münchner Familien schließen sich davon aus. Aber von denen reden wir jetzt nicht mehr. Es sind ohnehin viertelte Preußen.

Der sogenannte Vornamen ist also der Ruf- oder Taufnamen. Den anderen, den sogenannten Familiennamen, eines Bayern erfährst du niemals anders als auf die Frage: Wie schreibt er sich? Antwort: **Gerstmaier schreibt-ä-sih,** womit der Begriff des Schreibnamens feststeht. Diese Terminologie ist bäurischen Ursprungs. Auf dem Land ist der Schreibnamen eben wirklich nur für das Geschriebene da, für Geburtsurkunden, Prozeßprotokolle usw. Der wichtigste, der Hauptnamen, ist der Hofnamen. Das Anwesen ist der Träger des Namens durch die Jahrhunderte. Wer es besitzt, der heißt nach ihm. Fragst du deinen Nachbarn, wer jener Bauer sei, der da so breit daherkommt, und du erhältst zur Antwort, der Rackl sei's, so mußt du schon weiterfragen, wie er sich denn schreibe, um den für deinen Begriff so wichtigen Familiennamen Moser zu hören. Und es kann dir passieren, daß man dir die zweite Auskunft schuldig bleibt. Die Bäurin, die dort hinterdrein lauft, ist die Racklin, und die Kinder, die sich langsam aus dem Schulhaus herauswuzeln, sind beim Herrn Lehrer drin der Moser Peter und die Moser Afra, heraußen aber die Rackl-Kinder.

Das Hauptwort ist nicht gerne nackt

Nicht nur die Namen, *alle* bayrischen Hauptwörter vermeiden es, ohne Artikel aufzutreten. Auch geschichtliche und Ländernamen – diese oft unter Umschreibung – ferner Zeitbestimmungen, Stoffbezeichnungen und Abstrakta suchen immer den Artikel; die letzteren beiden, wenn das Ganze oder die Gattung gemeint ist, den bestimmten, wenn sie im Teilsinn gebraucht sind, den unbestimmten Artikel.

ein Diener **vom** König Ludwig	ein Diener König Ludwigs (von König L.)
der Bismarck hat gesagt	Bismarck hat gesagt
im ganzen Frankreich	in ganz Frankreich
bei den Chinesen hinten	in China hinten
seit **dem** Dienstag	seit Dienstag
im nächsten Sommer	nächsten Sommer
die letzte Woche bin ich krank gewesen	letzte Woche war ich krank
du mußt **einen** Mut haben	du mußt Mut haben
er hat **ein** Glück gehabt	er hat Glück gehabt
er hat immer **das** Glück	er hat immer Glück
mit **einem** großen Eifer	mit großem Eifer
auf **eine** andere Weise	auf andere Weise
das Bier wird gern getrunken	Bier wird gerne getrunken
wahrscheinlich hat er **ein** Bier getrunken	wahrscheinlich hat er Bier getrunken
dort haben sie **ein** Gold gefunden	dort fanden sie Gold
wir verlangen **ein** besseres Brot	wir verlangen besseres Brot

In der Mehrzahl fällt der unbestimmte Artikel ohnehin weg, doch kommen auch hier schamhafte Umschreibungen vor. Z. B. wir haben Eier gekauft: wir haben ein paar Eier, einen Haufen Eier gekauft.

Ausnahmen kommen nur in sprichwörtlichen und stehenden Redensarten vor, wie Abschied nehmen, Durst haben (aber: einen großen Durst haben) usw. Im Deutschen gibt es neben dem bestimmten Artikel noch das hinweisende Fürwort (Demonstrativpronomen) der, die, das, welches in Verbindung mit einem Substantiv genau wie der Artikel gebeugt wird, wenn es aber ohne Substantiv steht (und nur in diesem Fall ist es eigentlich Fürwort), im Genitiv der Einzahl und im Genitiv und Dativ der Mehrzahl vom Artikel abweicht. Im Bayrischen ist es gleichgültig, ob dieses hinweisende Fürwort mit oder ohne Substantiv gebraucht ist, es hat nur *eine* Formenreihe, die von der des bestimmten Artikels allerdings in *jedem* Fall verschieden ist. Es haben sich für den bayrischen Artikel, wenn er ohne Nachdruck steht, so leichte, unbetonte Formen herausgebildet, daß es schon bei der geringsten Verstärkung des Nachdrucks notwendig wird, auf jene anderen zurückzugreifen. Aus diesem Grund wollen wir einfach von dem *unbetonten* und dem *betonten* bestimmten Artikel sprechen, auch in den vielen Fällen, wo der letztere eigentlich ein Fürwort ist.

Bestimmter Artikel

Einzahl	männlich		weiblich	
	unbet.	bet.	unbet.	bet.
1. F.	dă	dēr (dēhr)	d[ĕ]	dē (dēh)
3. F.	ăn	dēhn	dă	dēră (dēhră)
4. F.	[ă]n	dēhn	d[ĕ]	dē (dēh)

Einzahl	sächlich	
	unbet.	bet.
1. F.	[ă]s	dös (dēhs)
3. F.	ăn	dēhn
4. F.	[ă]s	dös (dēhs)

Mehrzahl	unbet.	bet.
1. F.	d[ĕ]	dē, dēh
3. F.	d[ĕ]	dēhnĕ
4. F.	dĕ	dē, dēh

Unbestimmter Artikel
(Unbetonte Form)

Einzahl	männlich	weiblich	sächlich
1. F.	ă	ă	ă
3. F.	ăn	ără, ă	ăn
4. F.	ăn	ă	ă

Die in runden Klammern beigefügten Formen sind die stärker betonten. Die Dehnung nimmt mit der Betonung zu. Das schwierige dös werde in der gedehnteren, betonteren Form zweckmäßig mit dem helleren ēh gesprochen.
Die in eckigen Klammern stehenden Vokale neigen dazu, weggelassen zu werden. Das darf aber nur unter Beobachtung der wichtigen Bindungsregeln geschehen. Kann z. B. das übrigbleibende d von dĕ nicht an ein vorhergehendes Wort gebunden werden, so muß es sich nach dem ersten Buchstaben des folgenden richten.
Wir wollen einmal, da wir gerade von den Namen gesprochen haben, einen ganzen Haufen benamster Weibsbilder aufmarschieren lassen und ihnen die Möglichkeit nehmen, daß sie den ihnen gebührenden Artikeln an ein vorhergehendes Wort binden können.
Also, wir sitzen im Wirtshaus, die Musik spielt zum Tanzen auf, ein ums andere Mal geht die Tür und wir stellen zusammen mit den Burschen fest: die ... kimmt (kommt).
– Aufgepaßt, wie sie der Reihe nach hereinrutschen und was du ausrufen mußt:

d'Anna (danna)	kimmt
d'Eva (dähfa)	kimmt
d'Urschel (durschl)	kimmt
d'Babett (bbahbĕt)	kimmt
d'Paula (ppaula)	kimmt
d'Fanny (pfānnĭ)	kimmt
d'Vroni (pfrōhnĭ)	kimmt
d'Gusti (ggustĭ)	kimmt
d'Kathi (kkātĭ)	kimmt
d'Hansi (thānsĭ)	kimmt
d'Liesi (dlihsĭ)	kimmt
d'Nanni (dnānnĭ)	kimmt
d'Rosl (drōhsl)	kimmt
d'Marie (dmāhrĭ)	kimmt
d'Sali (zālĭ = Rosalie)	kimmt
d'Stasi (dschtāhsi)	kimmt
d'Theres (tteres)	kimmt

Man sieht, daß eine weitgehende Angleichung stattfindet. Auch beim unbetonten Artikel der Mehrzahl wird es – im Nom. und Akk. – so gemacht.

D'Küah san kemma (sprich: kküăsān kēmmă) = die Kühe sind gekommen.

Für Ausländer ist es ein Kunststück, diese durch Angleichung entstandenen Doppelkonsonanten richtig herauszubringen. Sie dürfen weder vernachlässigt noch krampfhaft betont werden. Natürlich klingt der Konsonant nicht zweimal nacheinander, sondern zweimal auf einmal, d. h. länger und intensiver.

Am besten gelingt es so: Tue, als ob du aufstoßen müßtest, diese unanständige Regung mühsam hintanhieltest und sie sich dann in dem betreffenden Konsonanten Luft machte. Es muß also ein gewisser Druck dahinter sein.

Hast du es auf diese Weise erlernt, versuche fürderhin jene Leichtigkeit zu gewinnen, die auf die Mühen deiner Lautproduktion vergessen läßt.

Der einzige Satz »kkātĭ kimmt«, zur rechten Zeit (die Kathi muß halt wirklich kommen) nachlässig hingeworfen, bringt dich näher an jene Grenze, wo der Preuß aufhört, als die längsten Tiraden.

Die Angleichung braucht nicht stattzufinden, wenn sich der Artikel mitten in einem Satz findet, der andere Bindungen zuläßt.

> Is eppa d'Fanny kemma (isēppätfännĭ kēmmă) = ist etwa die Fanny gekommen?
>
> San d'Küah kemma (sāndküăkēmmă) = sind die Kühe gekommen?

Das ă von **ăn** = **den** fällt nur weg, wenn der Artikel an ein vorhergehendes Zeitwort angehängt werden kann:

> Hast du **den Ochsen** gesehen = hastn Ochsn gsehgn (hostn ōxn gsägn)?,
>
> oder = hastan Ochsn gsehgn (hostăn ōxn gsägn)?

Dagegen ausschließlich:

> Hast du **einen** Ochsen gesehen = hostăn Ochsn gsehgn?
>
> Hast du es **dem** Ochsen gegeben = hosts ăn Ochsn gebn?

Der unbetonte, unbestimmte Artikel im 3. Fall Einzahl weiblich – **einer** – heißt richtig **ără**; die oben noch beigefügte Form **ă** ist falsch, wird aber verschiedentlich gebraucht, besonders in der Stadt.

Beim sächlichen Artikel **ăs** = **das** wird das ă in den allermeisten Fällen eliminiert.

Seltener am Anfang des Satzes:

> As Kaibi hat gsuffa (ăs kaibĭ hod gsuffă) = das Kälbchen hat getrunken;

aber auch:

's Kaibi (skaibĭ) hat gsuffa;

jedoch nur:

As Sach is eahm varreckt (ăssachiseăm vărēkt) = das Sach (Eigentum) ist ihm zugrunde gegangen;

nicht:

's Sach is eahm varreckt;

fast immer im Innern des Satzes. Nur wo es der Wohlklang erfordert, bleibt ăs bestehen. Vergleiche:

D'Leni hats Kaibi net gsehgn (... hods kaibĭ ...) = hat das Kälbchen nicht gesehen.

Hast (= hast du) as Kaibi gsehgn (hostăs kaibĭ gsägn)? Die Verbindung sts (hasts) wäre unangenehm und wird vermieden. – In der folgenden Übung sind die weiblichen Vornamen nach dem Muster von Seite 52

in den Satz »d' ... kimmt« einzustellen. Beachte dabei:

Alle weiblichen Vornamen werden auf der ersten Silbe betont

– auch die drei- und viersilbigen. Aus den dreisilbigen macht man oft durch Weglassen des Schluß-e zweisilbige Namen, immer aus den viersilbigen dreisilbige.

Übung

Sophie (sōfĭ), Elise (ēhlis), Leni (lēhnĭ), Gretl (grēdl), Afra, Barbara, Karoline (karolin), Berta, Cilli, Sabine (săhbĭnĭ), Emerenz, Betty, Resi, Christl, Amalie (āhmălĭ).

8. Mangelhafte Verständigung in der Kuchel

Der Preuß (vorgeschrittener Sprachschüler, der den Loawitoag geübt hat): Tuans ma an Oa geben, moane Liabe, oda bessa droa – und schnoadens ma a Schoaben Brod abi!
Die Bäuerin: ? ? ?
Der Preuß (sieht etwas): Donnerwetter haben Sie aber mal hübsches Kupfergerät hier. Macht das nicht viel Arbeit, es so blitzeblank zu scheuern?
Die Bäuerin: Ja mēi, hīreibn derfst schō ...
Der Preuß: Das glaube ich gerne. Und wie oft?
Die Bäuerin: So alle Wōchn ă vierĭ. Na **kō kōa Grēaspō drō hĭgēh.**
Der Preuß: ? ? ?

Daß du nicht verstanden wirst und nicht verstehst, kann auch dir noch passieren, weil du über die Nachschlagvokale und Nasallaute nicht im Bild bist. Gelingt es dir erst einmal, den letzten Satz der Bäuerin glatt herzusagen, so hast du die Prüfung in der bayrischen Aussprache bestanden. Gegen diesen Satz ist der Loawitoag nichts als ein armseliges Kinderspiel. Du sollst aber derartige Scherze nicht an den Anfang, sondern ans Ende deiner Sprachübungen stellen.

Nachschlagvokale

Schon diese Bezeichnung sagt, worauf es ankommt, wenn du das ea, ia, oa und ua richtig aussprechen willst. Anfänger machen gewöhnlich den Fehler, daß sie die zwei Vokale als gleichwertig ansehen und sie sauber getrennt nacheinander sprechen: bo-arisch, De-andl. Umgekehrt ist's richtig. Der ganze Nachdruck liegt auf dem ersten Vokal, der vollständig rein angesetzt wird. An ihn wird dann das a so kurz, gewicht- und farblos angeschliffen, daß es selbst gar nicht richtig als a zum Erklingen kommt. Wir bezeichnen es daher mit ă. Angeschliffen – das heißt: nicht gesondert daneben gesetzt, sondern durch einen weichen Übergang verbunden.

Der Vorgang ist so, als könnte das bayrische Maul den zuerst angeschlagenen Ton nicht zusammenhalten und fiele auseinander. Denn immer führen die Nachschlagvokale von der engeren zur weiteren Lippenstellung. Es wird also ein Vokal angesprochen und betont, dann geht die »Letschen auseinand«, bis schließlich das ă erreicht wird; bevor dieses aber noch richtig da ist, muß schon Schluß sein mit der ganzen Geschichte. Aus dem Buch kann man das freilich nicht lernen, aber die Erklärung will beim Zuhören und Nachmachen behilflich sein.

ēă der seltenste Nachschlagvokal, vertritt in einzelnen Fällen das ei, das lange i und lange u, besonders aber das lange i und ü vor nasalen Konsonanten (siehe unten):

iă }
ŭä } brēăd (aber auch broăd = breit), es tēăts (ihr tut); vertreten das gedehnte i und ü:
kriăgt (gekriegt), wiă (wie), büăchl (Büchlein), lüăgn (lügen);

oă vertritt das ei, ai und ay, aber nicht in allen Fällen, wie man an dem Preußen in der Kuchel sieht. Der setzt die oă gerade dort, wo es ei heißen müßte:
roăsn (reisen = eilen), Woăz (Weizen), Loăwi (Laibchen), boărisch (bayrisch);

uă vertritt das lange und halblange u: Buă (Bube), Luădă (Luder), muăß (muß).

Nasallaute

Sie entstehen, wenn hinter den Vokalen a, e, i, o, ursprünglich der nasale Konsonant n steht, aber in der Aussprache weggelassen wird. Das gleiche gilt für die Nachschlagvokale ea und oa. Diese werden jedoch auch vor ausgesprochenem n und vor dem m zu Nasallauten.

kõh = kann; Mõh = Mann; õschiabn = anschieben;
gēh = gehen; zwēh = zween, zwei; schēh = schön;
hĩ = hin; bĩ = bin;
schõ = schon; davõ = davon;
grẽa = grün; Prẽa = Prien (am Chiemsee);
ẽămă = ihnen; Rẽamă = Riemen;
õa = ein (betont); õan = einem oder einen (betont);
Lõam = Leim.

õ klingt wie das o im französischen Wort bon = gut. Wer das allerdings bong ausspricht, wird auch das bayrische õ nicht lernen, das höchstens um eine Nuance (nicht Nüankse) weniger nasal ist. õ ist immer das durch die Nase gesprochene geschlossene ō, auch da, wo es das a vertritt.

Das nasale a, das im Schwäbischen so häufig ist, gibt es nämlich im Bayrischen nicht, mit zwei Ausnahmen:

   nāh = nein;

   hā? = wie bitte?

Entsprechend dem õ werden auch die andern Nasallaute aus den geschlossenen Vokalen gebildet, also aus ē, ēă, õă. Bleibt noch das ei zu erwähnen. Schon das nicht nasale, **gewöhnliche ei** wird im Bayrischen ziemlich flach ausgesprochen. Im Hochdeutschen müßte man eigentlich das ei immer ai schreiben, denn der Laut wird vom a zum i geschliffen. Das Bayrische schleift den Laut (und zwar das ei und ai) nur von einem hellen a bis zu einem hellen e. Man spreche sich diese zuerst vor, um den Klang ins Ohr zu bekommen, und schleife sie dann aneinander, ebenso wie es im Deutschen geschieht. Es darf aber um Gottes willen kein Laut entstehen, der dem ä ähnelt, wie das bei Balten und Rheinländern der Fall ist!

Das **nasale ei** beginnt dagegen mit einem nasalen ä und wird zum nasalen i geschliffen, ist also noch flacher als das gewöhnliche ei. Versuche zu sprechen:

   Blei, Scheibn (Scheibe), Scheißdrēhk;

   ēigob (Eingabe), dös kōh nēt sēi (das kann nicht sein);

   ēireibn (einreiben), Wēibeisl (Weinstube).

Das aufgeweichte l

ist eine wichtige Sache. Der Buchstabe l wird in fast allen Fällen, wo er auf einen Vokal folgt, aufgeweicht. Er bleibt dagegen unverändert am Anfang des Wortes und Wortstammes und, wenn ihm ein gesprochener Konsonant vorhergeht.

Aufzuweichen: Ball, Wahl (Dehnungs-h, kein gesprochener Konsonant), allesamt, Wild, Schule.

Nicht aufzuweichen: Lump, Glump, Mādl, Lāckl, vălōgn (verlogen, l am Anfang des Wortstammes).

Durch die Aufweichung des l entsteht ein Nachschlagvokal, der als Nachschlag i enthält. Das i des aufgeweichten l wird gegenüber seinem Vorvokal etwas gleichwertiger behandelt als das a der gewöhnlichen Nachschlagvokale. Aber auch hier liegt der Ton auf dem zuerst angeschlagenen Vokal und das i wird angeschliffen. Es entsteht aus:

al = oĭ	Wald = Wōĭd
	Saal = Sōĭ
el = öĭ	Geld = Göĭd
	Seele = Söĭ
il	Bild = Buĭd
= uĭ	viel = vuĭ
ül	Gefühl = Gfuĭ
= manchmal und	
mancherorts auch öĭ	viel = vöĭ
	Mühle = Möĭ
ol = ōĭ	Gold = Gōĭd
	wohl = wōĭ
ul = uĭ	Schulden = Schuĭdn
	Stuhl = Stuĭ

Es zeigt sich aus vorstehenden Beispielen, daß die Länge des dem l vorhergehenden Vokals gleichgültig ist; es entsteht immer eine mäßig kurze Aufweichung.

Das abgeschliffene r

braucht keine langen Erklärungen. Wie in vielen deutschen Dialekten und wie bei einer nachlässigen Aussprache des Schriftdeutschen ist eben mitunter, besonders beim betonten Artikel dēhr, welcher fast wie dēă klingt, sowohl im Deutschen als auch im Bayrischen das r abgeschliffen, nur daß das ē im Bayrischen heller ist. Wir belassen die normale Schreibweise des r, wo sie vom hochdeutschen Klang nicht zu sehr abweicht. Solche Abweichung zeigt das berühmte Wort Dēăndl, das ursprünglich keinen Nachschlagvokal enthält, sondern ein abgeschliffenes r (Dirndl). Ein Blick auf die *Beugung der Hauptwörter* wird uns jetzt sagen, daß es hier keine großen Schwierigkeiten gibt. Die letzten Feinheiten lernt man ohnehin erst nach jahrelanger Übung oder gar nie, und für das Gröbste ist bald gesorgt. Zuerst ein paar typische Beispiele! Wer aufmerksam vergleicht, ist schnell im Bilde über die Deklination.

E.	1. dă Hund	der Hund	dă Fuăs	der Fuß
	3. ăn Hund	dem Hunde	ăn Fuăs	dem Fuße
	4. ăn Hund	den Hund	ăn Fuăs	den Fuß

M.	1. d'Hund	die Hunde	p'Füäß	die Füße
	3. dĕ Hund	den Hunden	dĕ Füäß	den Füßen
	4. d'Hund	die Hunde	p'Füäß	die Füße

E.	1. d'Sau	die Sau	[ă]s Gwăchs	das Gewächs
	3. dă Sau	der Sau	ăn Gwăchs	dem Gewächs
	4. d'Sau	die Sau	[ă]s Gwăchs	das Gewächs

M.	1. d'Säu	die Säue	dĕ Gwāchs	die Gewächse
	3. dĕ Säu	den Säuen	dĕ Gwāchs	den Gewächsen
	4. d'Säu	die Säue	dĕ Gwāchs	die Gewächse

E.	1. [ă]s Brēhd	das Brett	[ă]s Herz	das Herz
	3. ăn Brēhd	dem Brett	ăn Herz[n]	dem Herz[en]
	4. [ă]s Brēhd	das Brett	[ă]s Herz	das Herz
M.	1. d'Brēhdă	die Bretter	d'Herzn	die Herzen
	3. dě Brēhdă	den Brettern	dě Herzn	den Herzen
	4. d'Brēhdă	die Bretter	d'Herzn	die Herzen
E.	1. d'Rēhd	die Rede	d'Hōhsn	die Hose
	3. dă Rēhd	der Rede	dă Hōhsn	der Hose
	4. d'Rēhd	die Rede	d'Hōhsn	die Hose
M.	1. d'Rēhdn	die Reden	d'Hōhsn	die Hosen
	3. dě Rēhdn	den Reden	dě Hōhsn	den Hosen
	4. d'Rēhdn	die Reden	d'Hōhsn	die Hosen
E.	1. d'Lattn	die Latte	d'Stangă	die Stange
	3. dă Lattn	der Latte	dă Stangă	der Stange
	4. d'Lattn	die Latte	d'Stangă	die Stange
M.	1. d'Lattn[ă]	die Latten	d'Stangă	die Stangen
	3. dě Lattn[ă]	den Latten	dě Stangă	den Stangen
	4. d'Lattn[ă]	die Latten	d'Stangă	die Stangen

Die bayrische Deklination ist vor allem einfach. Innerhalb der Einzahl verändern sich die Endungen nur in ganz wenigen Fällen: 3. Fall Einz. kann es Herzn statt Herz, 3. und 4. Fall Einz. muß es Rußn, Preußn, Franzohsn, Rabn heißen gegen Ruß, Preuß, Franzōhs, Rohb (Rabe) im Nominativ. Innerhalb der Mehrzahl verändern sich die Endungen *niemals*.

Das deutsche Schluß-e (3. Fall Einz. und ganze Mehrz.) der *stark gebeugten* Hauptwörter fällt einfach weg. Aus der Endung -er wird -ă.

Mit der Endung -e der *schwachgebeugten* Wörter ist es komplizierter. Bei manchen fällt sie **weg**: Rede, Rasse, Reihe, Ruhe, Weihe, Lage, Waage, Länge, Ware. Bei manchen wird sie zu **-n,** (auch schon in der Einzahl!): Hose, Rose, Base, Nase, Latte, Matte, Scheibe, Reibe (= Biegung, Kurve), Linde, Fichte, Buche. Bei einigen wird sie zu -ă (auch schon in der Einzahl!): Stange, Tanne, Henne. Wem es Spaß macht, der kann aus dem Stammauslaut dieser Wortgruppen auf die Endung schließen, soll sich aber nicht allzusehr darauf verlassen (Länge, Stange!). In der *Mehrzahl* erhält die erste der Gruppen -n. Die zweite Gruppe behält natürlich ihr n, es kann aber in vielen Fällen noch ein ă an das n gehängt werden. Wer es tut, wird sich den Ruhm größter Gewandtheit erwerben, muß aber viel Sprachgefühl haben, weil es nur im abklingenden Teil eines Satzgefüges – also z.B. immer am Schluß – sein darf. »Gäh weidă mit dēhn Glump, mit dēhnĕ Lattnă!« Die dritte Gruppe behält in der Mehrzahl ihr -ă.

Der Umlaut in der Mehrzahl (Fuß, Füße) tritt, wie oben ersichtlich, manchmal dem Deutschen entsprechend ein, manchmal nicht. Keinen Umlaut haben z.B. Spaß, Schuß, Nuß (Mehrz. **d'Nußn**). Im Gegensatz zum Deutschen hat ihn – nicht immer, aber oft – das Wort Tag (dă Tohg, dĕ **Tähg**).

Bloß in der Einzahl existiert Arbeit. Es gibt keine Arbeiten, nur **d'Arwăt**. Dafür kann die Mehrzahl von Angst nicht nur in der Wendung »in Ängsten, in tausend Ängsten sein«, sondern in allen Fällen (**d'Engstn**) gebraucht werden.

Im Geschlecht weichen vom Deutschen ab: **der** Wachstum, **der** Schild (in allen Bedeutungen), **der** Butter, **der** Werkzeug, der Schokolad (schäklät), manchmal ganz

bäurisch auch **der** Luft, **der** Ruhe (**ruăh**), der Form (**furm** = herkömmliche Art, in der etwas erledigt wird).
Dafür heißt es umgekehrt **das** Teller und **die** Husten (**d'Huastn**).

9. Das Bayrische hat ein Irxnschmalz

Das Bayrische ist, wenn ich es auf eine kurze Formel bringe, eine männliche Sprache.
Was soll das heißen? Nun, von der Sprache verlangt zum Beispiel der Franzose, daß sie seine Einfälle ordne und klar zum Ausdruck bringe, der Italiener, daß sie das Pathetische und Rhetorische, dessen er fähig ist, in schönen Klang ausmünze. Der Deutsche mutet seiner Sprache zu, daß sie ihm in die höchsten Regionen abstrakten Denkens folge und in die tiefsten Hintergründe des Gefühls. So könnte man das Italienische eine prächtige, das Französische eine klare, das Deutsche eine reiche Sprache nennen. Hinter der Sprache wird immer der Mensch sichtbar.
Es gibt keinen Einheitsdeutschen, Gott sei Dank! Der ungeheure Reichtum der deutschen Schriftsprache entspringt nicht nur den Anforderungen, die der Drang zum Metaphysischen an sie stellt, nein, es hat an ihrem Gesicht, dessen erste Züge ein Mann und ein Stamm bestimmten, auch die verschiedene Geistigkeit der deutschen Stämme mitgeformt. In den Dialekten lebt die deutsche Vielgestalt noch ihr unvermischtes sprachliches Dasein. Warum ist Bayrisch eine männliche Sprache? Es ist grob gegen das gemütliche Frankfurterisch, saftigsinnlich gegenüber dem Ostpreußischen; sein Witz ist trockener als der des rheinischen Platt, gemütvoller als der der Berliner Zunge; seine Haltung ist würdevoll im Vergleich zum Obersächsischen, kraftvoll im Vergleich zum Wienerischen, klangvoll im Vergleich zum Alemannischen; neben dem Pfälzischen erscheint es schwerfällig, neben dem Schwäbischen durchsichtig. Es ist eben die Sprache des bayrischen Menschen, der über die Anmut die Kraft stellt,

über die geistige Ergründung die sinnliche Anschaulichkeit, über die Beweglichkeit die festgefügte Form. Nie, wenn man vergleicht, entfernt sich die Eigentümlichkeit des Bayrischen von dem, was man unter Männlichkeit versteht. Im Umkreis der bayrischen Sprache und Überlieferung ist alles auf den *Mann* zugeschnitten, nicht auf den Greis, nicht auf den Jüngling, nicht auf die Frau. Der Mann in der Vollkraft der Jahre, im Besitz eines ordentlichen Anwesens, einer Frau und einer schönen Zahl Kinder, das ist die Norm, von der aus alles gemessen wird. Dieser Mann arbeitet hart in der Woche, geht am Sonntag in die Kirche und danach ins Wirtshaus, hält seiner Frau die Treue, ist streng mit dem Gesinde, verachtet die Besitzlosen, hat einen gewissen Respekt vor den Studierten, ohne sich von ihnen viel sagen zu lassen, und behauptet zäh sein Recht.

Vorher, bevor er den Hof erhält – und das geschieht meistens erst, wenn er kräftig in den Mannesjahren steht – ist er nichts, gar nichts. Er muß arbeiten wie ein Knecht. Er darf's mit den Weibern haben, Dummheiten machen und raufen, es wird nicht beachtet. Nachher, wenn er übergeben hat, d. h. den Hof einem Sohn oder dem Mann einer Tochter überläßt und in den Austrag geht, ist er wieder nichts. Und wenn er tausendmal der tüchtigste in der ganzen Gegend war, er ist nichts. Wenn seine Zeit gekommen ist, legt er sich hin und stirbt. Das ist alles.

Von der Frau wird viel verlangt, und scharf ist das Urteil, wenn sie nicht zu hausen versteht. Aber sie wird sich hüten, wenn sie ihrem Mann überlegen ist, das zu zeigen. Die Frau hat still ihre Pflicht zu tun, und der Bauer, der Herr, befiehlt.

So kommt es, daß im Bayrischen wenig die Rede ist vom weisen Rat der Alten, wenig von vorwärtsstürmender

Tüchtigkeit der Jugend, wenig von Pantoffelhelden oder gar gehörnten Ehemännern. Wenig, wenn man andere Sprachen vergleicht und – im letzten Punkt – die starke Sinnlichkeit des Bayern bedenkt. Wenn einer gelobt wird, heißt es nicht, er sei gscheit, er sei tüchtig, umsichtig, oder was sich sonst zum Ruhme eines Mannes sagen ließe; auch der Fleiß wird mehr an den Dienstboten oder aber an den Studierten, wenn sie hinter den Büchern hocken, gerühmt. Nein, das höchste Lob ist: er ist »kōa unrechtă Mōh nēt« oder: er ist »ă richtigă Mōh«. – Da habt ihr die ganze Einstellung!

Wer von der Norm abweicht, ist verdächtig, wird kritisiert. Der Bayer haßt alle Psychologie, er liebt es nicht, auf die Besonderheiten eines Menschen näher einzugehen. Wer anders ist, der kriegt seine Marke aufgepappt, und es gibt für alle bekannteren menschlichen Spielarten eine reichliche Auswahl von knappen Werturteilen. Dafür sorgt die derbe Freude am Spaß und an saftigen Ausdrücken.

Auch verzwickte, nicht normale Situationen haben für den Bayern keinen Reiz. Er hat keinen Sinn dafür, wenn das Leben aus den gewohnten Bahnen weicht und kämpferische Umstellung, zielbewußte Taktik erfordert. Er rauft und kämpft, wann und wie es dem Herkommen entspricht, aber er schlägt sich nicht gerne mit unvorhergesehenen Problemen herum. Dazu fehlt ihm die Beweglichkeit. Der »richtige Mann« weiß, daß er einer ist; er tut sein Sach richtig und verlangt vom Leben, daß es auch richtig abläuft, in den Geleisen der alten männlichen Tradition. Weil ihm aber das Leben diesen Gefallen häufig nicht erweist, hat er genügend Gelegenheit, seinem Unmut in nicht mißzuverstehender Art Luft zu verschaffen. Auch hiefür ist ein reicher Wortschatz vorgesehen, der in einem Gefüge von vier Worten seinen letzten schlagenden Ausdruck findet.

Das berühmte **Grantigsein** und der **Grantlhauer** sind aber nicht auf dem Land zu Haus, sondern in den Städten. Es ist die Übertragung der bayrischen Eigenschaft, nicht gern vor ungewohnten Aufgaben zu stehen, in die Zimmerluft. Draußen beim Bauern sorgen die Arbeit und das Herrentum dafür, daß aus dem fröhlichen Schimpfen kein **Grant**, aus dem handfesten Kritiker kein Grantlhauer wird. Erst beim Städter und beim Beamten verdickt sich, in saurer Luft und magerer Tätigkeit, der Unwille über die alle Regel zerstörende Rücksichtslosigkeit des Lebens und der Mitmenschen zu dem wunderbaren Gebilde des Grants. Der bayrische **Grantler** ist einmalig auf der Welt. Seine Spezies ist freilich eng begrenzt, nicht nur auf die Städte, sondern auch auf eine gewisse Altersklasse. Für den Grant, der eine durch Lagerung erzielte Reife aufweisen muß, ist der Mann vor dem 45. Lebensjahr nicht geeignet. Nach dem 60. Jahr verläßt ihn dagegen die nötige Kraft, auch wenn ihn noch nicht das obligate **Schlägerl gstroäft** (Schlag getroffen) hat. Und nur wenig Menschen erfüllen heute noch die andere Bedingung: wenig Arbeit, keine Reichtümer, aber sicheres Auskommen. Der würdigste Vertreter des Grants, der Privatier, ist durch Kriege und Inflationen so auf den Hund gekommen, daß er das Granteln vergißt, zu dem nur eingebildete, nicht wirkliche Sorgen passen. Bleiben noch wenige Geschäftsleute, mittlere Beamte und Pensionäre. Der **Grantlhauer** ist also eine eng begrenzte Gattung.

Auch in ihm verkörpert sich das männliche Element. Du brauchst bloß den Wiener Raunzer dagegen anschauen, der über alles raunzt, über die Welt und über sich selber, ein weinerliches Getu ohne Selbstgefühl. Der Grantlhauer kennt seine Würde. Er hat recht, und die anderen haben alle unrecht, besonders seine Frau. Raunzen kann schließlich ein Weibsbild auch, aber grantetn? Da muß ich lachen. Da könnte ja grad so gut einer hergehen und behaupten, daß das Tarocken eine weibliche Beschäftigung ist. Nein, granteln, das kann nur ein Mann. Und nur ein bayrischer. Und am allerbesten ein kgl. bayr. Major a. D., dem du den Frühschoppen versaut hast.

Der Bayer im allgemeinen ist aber ebensowenig grantig wie der Bauer. Er nimmt nicht leicht etwas krumm, sondern freut sich von Herzen über saftige Ausdrücke, auch wenn er selbst damit belegt wird. Es gibt keine andere Sprache, in der sich zwei **Spähzĭ** (enge Freunde) ihre Eigenschaften in so farbenreichen Worten vorhalten könnten, kein anderes Volk, bei dem das so unerschöpfliche Heiterkeit auslöst.

Von den folgenden, ihrer ursprünglichen Bedeutung nach durchwegs kritisierenden Ausdrücken kann beinahe die Hälfte ins Komische gewendet werden. Einige sind, unter Freunden gebraucht, direkt anerkennend.

Nur lobend sagt man in der Stadt zu einem lustigen Kerl, der viele **Spässettln** und **Gschpaß** weiß, er ist ein **Vihch**.

Je nach der Lage *kritisierend, komisch oder anerkennend* sind die Bezeichnungen **Trōhpf, Lump, Hodălump, Bāhzi, Gaună, Luădă, Spihzbuă, Spihzbuămheiptling, Schlawihnă** (mit Vorsicht zu gebrauchen), **Sau** (nur in der Stadt anerkennend), **Săggrămēntă**; dazu die Eigenschaftswörter **abscheiligă** (abscheulicher), **schlechtă, ganz schlechtă, vādächtigă** oder **vōdächtigă, ohdrähtă, eiskoïtă** (zu Trōhpf), **miserābligă, ēlēndigă, ausgschämtă**.

Nur kritisierend und recht beleïdigend sagt man **Kerl, Lackl, Hāmmĭ, Pfundhammĭ, gschēhrtă Rāmmĭ**, um die gröberen menschlichen Spielarten zu bezeichnen; **Däpp**,

Schäps, Schohf bei dä Nacht, Rindvihch, dāmischă Rittă, um auf mangelnden Geist anzuspielen; dasselbe, in Verbindung mit Unmännlichkeit, bedeuten **Lapp, Lattirl, Dähdirl**; unfreundlich sind noch **Hanswurscht** und **Strihzi**, grob ist das Schimpfwort **Krüppĭ**. – Dazu die Eigenschaftswörter **dāmischă, deppăttă, windigă, stinkătă, nixigă, trăpftă, gschissnă** (bei Menschen selten), **vă=recktă**. – Die stärkste Beschimpfung ist etwa: **Sauhund, vărecktă!**

Spezialitäten sind: für Kinder **Mistbuă, Rōhzbuă, Saubuă, Saufratz** (auch zu jungen Mädchen) und im stärksten Fall, wenn etwa der Bub dem Vater das Bier umstößt, **Scheißkrüppi;** – für einen alten, gebrechlichen Mann **oĭdă Krăklă**, für einen täppisch gewordenen Greis **oĭdă Dähdirl** (dagegen ist **oĭdĕ Hüttn** eine intim-freundschaftliche Anrede); – für einen, der sich unverständlich benimmt, **spinnătă Deifĭ;** – für einen, der unnatürlich ist und immer etwas Besonderes macht, **Krampfbruădă** (weiblich **Krampfhĕnnă**); für einen Geizigen **Schundniggl** (Eigenschaftswörter **schundĭ** und **nōhdĭ**); für einen Habgierigen **Ruach** (Zeitwort **ruăchă**). Schließlich nennt noch der Münchener jene Leute, die aus dem Balkan zum Kunststudium in seine Stadt kommen, **Schlăwihnă**. Der Ausdruck hat sich dann auf alle übertragen, die lange Haare haben und sich mit verdächtigen Dingen wie Literatur, Schachspielen im Kaffeehaus, modernem Tanz usw. beschäftigen. Der Schlăwihnă ist ein verdächtiger Mensch, und deshalb kann der Ausdruck unter Freunden auch als Anerkennung (siehe oben!) gebraucht werden. Er hat dann den Sinn von **Bāhzĭ, vadăchtigă!**

Hier sei angemerkt, daß die Eigenschaftswörter ihre ganze Wirkung nur entfalten, wenn sie dem Hauptwort *nach*gestellt werden. Man sage:

dös Rindvihch, dös damischĕ;
Hodălump, abscheiligă!
(als Anerkennung zu Freunden);
du Krüppi, du vārecktă!

Artikel und Fürwörter werden dabei also wiederholt. Als Übung empfehle ich, sich gegen eine Wand zu stellen und die verschiedenen Kombinationen, die ich ja in reichstem Maße angedeutet habe, laut dagegen zu schleudern. Nur mit erhobener Stimme klingen diese prachtvollen Worte richtig. Dazwischen schiebe man die sanften anerkennenden Worte mit plötzlich gedämpfter Stimme ein. An seine menschliche Umgebung wende man sich mit diesen Dingen erst, wenn man sie beherrscht. Sonst ist die Wirkung nur gering.

Die *Weibsbilder* kommen auch nicht ungeschoren davon. Besonders die alten. Man heißt sie (Einzahl!) **oĭdĕ Trummel, oĭdĕ Schartäkn, ōĭdĕ Schraubn**; wenn sie recht bös sind, **Beißzangă** oder **Bihsgurn**. Bei den jungen unterscheidet man zwischen einer **fāden Wachtl** und dem Gegenteil, der **Flihtschn** (oder dem **Flihtscherl**) und dem schon ganz sich wegwerfenden **Fētzn**. **Schlampn** ist eine unordentliche Person, **Mistamsel** ein leeres Schimpfwort, ebenso **gscherte Molln** und **Loăs**.

Dinge werden kritisiert durch die Wörter **Glump, Grăffĭ, Schmarrn, Drēhg** und **Scheißdrēhg**. Glump und Graffi ist etwas, was nichts taugt, Schmarrn etwas, was nichts heißt. Was Scheißdrēhg ist, weiß der Leser selber.

Nun seien noch *die kritischen Präfixe* erwähnt, Hauptwörter, die man vor andere stellt, um diese zu kennzeichnen. Sie heißen in der Reihenfolge der Steigerung **Mălĕfiz-, Sāggrāmēnts-, Scheiß-** und **Bluăts-**. Wenn man in ein Wirtshaus kommt und die Kellnerin geht nicht gleich her und fragt, was man will, und hernach ist das Bier auch noch warm, so handelt es sich, je nachdem, um eine Malefizwirtschaft, Saggramentswirtschaft, Scheißwirtschaft oder Bluatswirtschaft. Malefiz ist ein harmloser Tadel, Bluats eine furchtbare Verwünschung. Außerdem sagt man noch **Bruch-**, womit das Klägliche, Kümmerliche einer Sache betont wird. Natürlich gibt es auch Bruchwirtschaften. Viele Bruchwirtschaften sogar. Und was man dort zu essen und zu trinken kriegt, ist ein **Hundsfrēssn** und ein **Plēmpl**.

Von den Eigenschaftswörtern

eignen sich zur Bezeichnung des menschlichen Äußeren am besten die mit der Endung -at. Sie entsprechen etwa den deutschen Adjektiven auf -ig. Eine Rothaarige ist demnach ă rōhdhahrătĕ. Plattăt, spinăt und deppăt haben wir schon gelernt.

Merke noch:

· **krōpfăt** = kropfig, mit einem Kropf behaftet;
wampăt = mit einem Bäuchlein versehen;
schiăglăt oder **gschiăglăt** = schielend;
schöichaugăt = schelchäugig, bedeutet dasselbe;
gschwollkōpfăt = geschwollköpfig, sagt der Städter zum dickköpfigen Bauern;
grōhskōpfăt = großköpfig, sagt umgekehrt der Bauer vom höheren Beamten; ist dann in der Stadt zu einem mißgünstigen Ausdruck der sozial Tieferstehenden gegen alle Bessergestellten geworden;
tōhrăt = töricht in der alten Bedeutung: der nicht hören will; heißt ausschließlich: schwerhörig, taub.
nakkăt = nackend, nackig; **stinkăt** = stinkend, stinkig;
drēhgăt = dreckig; **schlampăt** oder **gschlampăt** = unordentlich, schlampig.

Durch -ăt wird auch die deutsche Endung -end vertreten, mithin durch Bildungen wie brinnăt (brennend) auch das im Bayrischen sonst fehlende Mittelwort der Gegenwart des Zeitworts (Partizip des Präsens):

is brinnăt wōrn = ist brennend geworden, hat zu brennen begonnen.

Von bemerkenswerten Eigenschaftswörtern seien noch erwähnt:

ēiböïdărisch = (einbilderisch) sich etwas einbildend, eingebildet, aber im harmlosen Sinn; wer in dieser Beziehung unangenehm auffällt, ist **gschwōïn** (geschwollen);

firtĭ = fertig; **foăst** = feist, fett;

gāhch = (jäh) heftig, ganz schnell, steil;

gfühřĭ = ist einer, mit dem man vernünftig reden kann;

gring = hat den umfassenden Sinn von leicht, wenig, klein, unansehnlich: **dös schaugt gring hēr**, es sieht nichts gleich;

gschpăssĭ = nicht nur spaßig, sondern allgemein: sonderbar, eigenartig;

gschtandn = ist ein Mann, der breit und fest dasteht; im übertragenen Sinn einer, der die Dummheiten hinter sich hat »gesetzt« ist;

gschwind = schnell;

mēntisch = zu ergänzen sakramentisch; **ă mēntischă Zōrn**;

etwas ist **mēntisch** groß;

nāhrisch = närrisch; **auf dēh binĭ nāhrisch,** auf die bin ich versessen;

schiăch = häßlich, schrecklich;

stark = heißt in erster Linie: dick, mächtig;

strahfmăssĭ, grichtsmăssĭ = ist, wer der Strafe, bzw. dem Gericht verfallen ist.

Die Beugung der Eigenschaftswörter ist aus folgenden Beispielen ersichtlich (der bestimmte Artikel in der betonten Form):

Schwache Beugung

Einzahl:
1. dēr spinnăt[ĕ] Deifi   dē spinnăt[ĕ] Schraubn
3. dēhn spinnătn Deifi   dēră spinnătn Schraubn
4. dēhn spinnătn Deifi   dē spinnăt[ĕ] Schraubn

    1. dös   spinnăt[ĕ] Luădă
    3. dēhn spinnătn   Luădă
    4. dös   spinnăt[ĕ] Luădă

    Mehrzahl:
1. dēh   spinnătn Luădă
3. dēhne spinnătn Luădă
4. dēh   spinnătn Luădă

Starke Beugung

Einzahl:
1. ă spinnătă Deifĭ   ă   spinnătĕ Schraubn
3. ăn spinnătn Deifĭ   ără spinnătn Schraubn
4. ăn spinnătn Deifĭ   ă   spinnătĕ Schraubn

    1. ă spinnăts Luădă
    3. ăn spinnătn Luădă
    4. ă spinnăts Luădă

    Mehrzahl:
1. spinnătĕ Luădă
3. spinnătĕ Luădă
4. spinnătĕ Luădă

In der schwachen Beugung und in der Einzahl der starken entsprechen die Endungen der Eigenschaftswörter den deutschen (-er wird dabei zu -ă). Dagegen bleibt bei der starken Beugung im 3. Fall der Mehrzahl das -n weg, getreu der Regel, daß sich innerhalb der Mehrzahl Endungen niemals ändern (S. 61 f.). Zu den eingeklammerten ĕ ist zu sagen, daß sie für gewöhnlich stehen, jedoch, wenn das Eigenschaftswort unter Wiederholung des Artikels nachgestellt, bzw. wiederholt wird, weggelassen werden *können*.

dös Luădă, dös spinnăt;
dē spinnatĕ Schraubn, dē spinnăt.

Die Endung -n in allen Beugungsfällen des Eigenschaftswortes wird, wenn ihr au, ei, eu, ch, m, n, ng vorhergeht, zu -ă:

Hast dēhn blauă Huăt gsähgn und dēhn langă Mantl und dē neicha (neuen) braună Schuă vō dēră dummă Flihtschn?

Die Eigenschaftswörter auf -ĭ (Nominativ), welche die deutschen Wörter auf -ig und -ich vertreten, haben in den vorerwähnten Fällen entweder **-ign** oder, wenn das gn so stark ineinandergesprochen wird, daß ein ng entsteht, **-ngă**:

ăn abscheil**ingă** oder abscheil**ign** Bāhzĭ;
dēh abscheil**inga** oder abscheil**ign** Bāhzĭ.

10. Bei der zärtlichen Sprache geht's lind auf

> Mei Deandal is kloa
> wia a Muskatnußei,
> und so oft als ich's bußl,
> lacht's a bissei.

Das ist ein altes bayrisches Schnaderhüpferl. Wie's dasteht, hat's die Schreibweise vom Queri Schorsch. Gelt, da schaust du, wie lieblich die bayrische Sprache klingen kann? Ganz weich und lind. Ganz anders wie im vorigen Kapitel.

Ja, wenn man so ein liebes kleines rundes Trutscherl anschaut, wird's einem freilich anders ums Herz als bei einer alten Beißzang. Und wenn die bayrische Sprache zärtlich wird, dann hat es einen besonderen Klang, grad wie wenn ein ernsthaftes Trumm Mannsbild sich hinunterbeugt und streichelt ein winziges zartes Pflänzchen. Es hat etwas Inniges, beinahe Rührendes.

Das ist fein nur bildlich gemeint! Nicht daß du glaubst, die Bauernklachl werden im Frühjahr sentimental und sinken über die ersten Veilchen nieder. Ich will sagen, die männlich kräftige Sprache kennt unter gewissen Umständen auch andere und dann um so zarter wirkende Töne. Und zwar, wenn sie von den wehrlosen Dingen redet.

Wer ist denn wehrlos? Die schönen Blümerln halt, die man nicht zertreten soll, und die kleinen Viecherln, die keinen Schaden tun, und die jungen Mädeln, die ganz gewiß wehrlos sind gegen ein starkes Mannsbild. Wenn sie gar noch so klein sind wie ein Muskatnußei, dann muß man sich schön staad anpirschen, darf sie nicht erschrecken und nicht so grob zupacken wie bei einem Trumm Stallmensch oder einer altgedienten Kellnerin.

Aber auch so was Junges, Zartes, Liebes soll nicht mager sein, sonst ist die Zärtlichkeit gleich vorbei. Für ein **zaundürrs Gstöï** (zaundürres Gestell), für eine **Bōhnästangǎ** (eine lange, dürre, an der man die Bohnen aufbinden könnte) besteht durchaus gar keine Nachfrage. Ein Muskatnußei ist ja auch nicht bloß klein, sondern rund dazu und hat ein festes Fleisch. Und aus der Beschaffenheit der weiblichen Rundungen ermißt sich die Anerkennung des Mannes.

Fēstě Wādl oder (militärisch) **stramme Wādl** sind die erste Vorbedingung.

Die zweite Rundung ist die, auf der das Mädchen sitzt. Hier kann ich dieselben beiden Eigenschaftswörter als günstige Kritik anführen. Das Hauptwort selbst wird durch die gesteigerte Zärtlichkeit nicht verkleinert, man hängt kein -l oder -erl oder -ei daran, sondern läßt ihm seine ganze Wucht. Fast zu stark, meinst du, für ein kleines Muskatnußei? Wenn's gar nicht anders geht, hängst halt ein -erl dran, in Gottes Namen. Aber deswegen aus dem A kein Ä machen!

Die dritte Rundung ist eigentlich die wichtigste, was man daraus schließen könnte, daß das schönste Lob für ein Mädchen ganz einfach lautet: **dēh is guăd gstöĭt**, sie ist gut gestellt. In welcher Beziehung, wird nicht gesagt. Gemeint sind die sonst prosaisch **Duttn** genannten Reize, welche den Rippen des Weibes vorgelagert sind, und so rundet sich der Ruhm dieser Partie gewissermaßen zu dem des ganzen Gestells. Eine Würdigung besonderer Üppigkeit in dieser oberen Gegend ist der bewundernde Ausruf: **Sāggĕra, dēh hot Hoĭz vōr (bei) dă Hüttn!** Zugleich, würde da ein tüchtiger Forscher bemerken können, ein schönes Beispiel für die Lebensnähe, sozusagen Heimatgebundenheit der bayrischen Sprache. – Etwas gemein, weil aus der Stadt stammend, ist der Ausdruck **Herz** für dieselbe Angelegenheit; **ă starks Herz** ist demnach keine medizinische Diagnose, sondern ein äußerlicher Reiz.

Sind die rundlichen Bedingungen erfüllt und hat das Mädchen im übrigen kein gar zu **schiăchs Gfrihs** (häßliches Gesicht), nicht gar zu krumme Beine und keinen gar zu dicken Kropf, dann ist die Zärtlichkeit berechtigt, dann heißt sie ein **liăbs Gschöhserl**, ein **Gschmahcherl**, ein **mollats** (molliges) **Truhtscherl**. Man sagt, sie sei **gschmahch**, sie sei **saubă**. Und restlos bewundernd: **Dēhs is amoĭ ă ganz ă saubănĕ**, das ist einmal eine ganz eine saubere!

Hier wie bei den andern wehrlosen Geschöpfen wird in reichem Maße von *Verkleinerungen* Gebrauch gemacht. Am allerschönsten und zärtlichsten klingt wohl die Verkleinerungsendung **-ei**. Aber leider ist sie nur noch auf dem Land gebräuchlich und weicht auch da immer mehr dem farbloseren -l und -erl. Es folgen ein paar Beispiele, wie man im Bayrischen die Hauptwörter verkleinert:

1. Stier	Stihr	Stirl
2. mann	Mōh	Männdl, Männdei
3. Sack	Sack oder Sōhk	Säckl, Säckei
4. Rad	Rohd	Rādl
5. Mark (Geld)	March	Märkl
6. base	Bahsn	Bāhsl, Bāhsei
7. Kasten	Kastn	Kästl
8. Fisch	Fihsch	Fischerl, Fischei
9. Schiff	Schihf	Schifferl, Schiffei
10. Hase	Hohs	Hāhserl, Hāhsei
11. Stecken	Stĕkkă	Stĕkkerl
12. Tropfen	Trōpfă	Trōpfĭ, Trōpferl, Trōpfei
13. Schachtel	Schachtl	Schāchterl, Schāchtei
14. Tafel	Tohfi	Tāhferl
15. Stück	Stuck (Anzahl)	Stückl, Stückerl (allgem.)
16. Bube	Buă	Buăberl
17. Lied	Liăd	Liădl
18. Zeug	Zeig	Zeigl
19. Topf	Tōhpf	Töpfĭ, Topferl, Töpfei

Die Verkleinerungsendungen sind also -l und -erl. Welche von beiden angewendet wird, läßt sich nicht in Regeln fassen. Häufig sind beide nebeneinander möglich. So könnte man noch jeweils die andere Endung setzen bei 2., 3., 7., 8. Die Endungen -ei sind, wie gesagt, ausgesprochen bäuerisch.

Eine Verkleinerungsendung -i gibt es im Bayrischen nicht. Bei 12. und 19., sowie in Kaibi und Loawi handelt es sich um nichts anderes als um ein aufgeweichtes l. Statt des ĭ könnte genau so gut das l selbst oder ĕ stehen.

Es gibt eine Anzahl bayrischer Wörter, die *nur* oder fast nur in der Verkleinerungsform existieren, naturgemäß häufig im Umkreis der wehrlosen Dinge. Z. B. Blēamī = Blume, Nāhgei oder Nāhgerl = Nelke, Kaibī = Kalb, Stāhrl = Star, Mādl, Dēāndl (Dirn ist meist Bezeichnung für Magd), Wādl, Bussl = Kuß, Blādl = Blatt Papier, Rādl (wenn es die Bedeutung Fahrrad hat).

Beachte ferner, wie sich veränderte Wortstämme zurückbilden bei der Verkleinerung (2., 16.), wie sich abnormal gedehnte Stammvokale wieder verkürzen (8., 9.); vor allem aber mußt du wissen, daß der Stammvokal a – er mag noch so dunkel ausgesprochen werden – in der Verkleinerung immer die ganz helle Aussprache ā annimmt. Dann passiert's dir auch nicht mehr, daß du wie so viele Preußen von einem »Moßl Bier« redest. Abgesehen davon, daß der Bayer eine ehrliche Maß Bier (Normal-a!) überhaupt nicht gern verkleinert, müßte es – wenn schon – Māhßl heißen. Man kann im Bayrischen, nebenbei bemerkt, durchaus nicht alle Wörter verkleinern. Im Deutschen geht es leichter, weil es eben eine Schriftsprache ist und sich mit -chen und -lein fast alles konstruieren läßt. Aber das Bayrische erlaubt keine Konstruktionen, es ist eine gewachsene Sprache.

Jetzt wird's Zeit, daß du die Hilfszeitwörter beugen lernst, damit du statt einzelner Brocken endlich richtige Sätze sagen kannst. Lerne das folgende genau und beachte die Umkehrungen! Sie unterscheiden sich nämlich erheblich von den Formen der Normalstellung und werden viel häufiger gebraucht als im Hochdeutschen.

sēi = sein

Einzahl
1. i bī (oder bih)
2. du bist
3. dēr, dē, dös is

Umkehrung
bini = bin ich
bist = bist du
ihsa, iss, iss = ist er, sie, es

Mehrzahl
1. mir sān
2. ös seids
3. dēh sān

sāmmā = sind wir
seids = seid ihr
sāns = sind sie

sei! = sei! seids! = seid!
gwēn = gewesen

ham (habn) = haben

Einzahl
1. i hob
2. du host
3. dēr, dē, dös hod

Umkehrung
hobi = habe ich
host = hast du
hodă, hods, hods = hat er, sie, es

Mehrzahl
1. mir ham (habn)
2. ös habts
3. dēh ham

hamma = haben wir
habts = habt ihr
hams = haben sie

ghabt = gehabt

wērn = werden

Einzahl
1. i wēr
2. du wērst
3. dēr, dē, dös wērd

Umkehrung
wēri = werde ich
wērst = wirst du
wērdă, wērds, wērds = wird er, sie, es

Mehrzahl
1. mir wērn

wērma = werden wir

2. öa wērds	wērds = werdet ihr	
3. dēh wērn	wērns = werden sie	
	wōrn = geworden	

Das r ist in allen Formen von wērn stark vernachlässigt; dēr wērd klingt fast wie dēă weăd, aber eben doch nur fast.

Für **wir sind, sie sind** und ihre Umkehrungen gibt es auch noch die feineren, bäuerlich-konservativen Formen **mir hānd – hāmmă, dēh hānd – hānds.** Sie unterscheiden sich von den ähnlichen bzw. gleichen Formen von haben durch das helle ā; ham, hamma und hams werden mit Normal-a gesprochen. Ferner ist noch für die erste Person der Einzahl von haben die feinere Form **i han** lebendig.

Für die Eigenart der Umkehrungen überhaupt sind zwei Dinge maßgebend: der starke Drang zur Bindung und das Vorhandensein einer leichteren und einer gewichtigeren Form des persönlichen Fürworts, ähnlich wie beim Artikel. Die persönlichen Fürwörter werden gebeugt:

Einzahl	1. Person		2. Person	
1.	ih, i	ĭ	du	d
3.	mir	mă	dir	dă
4.	mih	mĭ	dih	dĭ

Mehrzahl	1. Person		2. Person	
1.	mir	mă	ös (ihr)	s
3.	ins (uns)		enk (eich)	
4.	ins (uns)		enk (eich)	

3. Person

Einzahl	männl.		weibl.		sächl.	
1.	ēr, dēr	ă	sie, dē	s	ăs, dös	s
3.	ēam	ēam	ihr	ihr	ēam, dēhn	ēam
4.	ēam	n	sie, dē	s	dös	s

Mehrzahl
1. dē s Sie
3. ēană ēană, ēa Eahna (= ēană)
4. dē s Eahna (= ēană)

Man plage sich nicht mit dem Lernen dieser Tabelle, die notgedrungen verworren aussehen muß. Hier kann nur das Beispiel nützen. Wer aber die Fürwortformen der nachstehenden Beispiele in der Tabelle aufsucht, wird schnell begreifen, worauf es ankommt.

In der linken Reihe stehen jeweils die schwereren Formen, rechts die leichteren, welche an *Zeitwörter, Bindewörter* (weil, wenn, daß usw.) oder an *andere Fürwörter* gebunden werden. Wir schreiben die aus einem Buchstaben bestehenden Wörtchen ohne Apostroph.

Die eingeklammerten Formen **uns, ihr, eich** sind städtisch; **ins** hört man in der Stadt kaum, **enk** manchmal, **ös** häufig.

Er und **sie** stehen nur bei Betonung durch Gegensatz.

Am Anfang des Satzes werden die schwereren Formen der 3. Person des Fürworts gerne durch die des betonten Artikels ersetzt.

Wenn **d** (= du) auf ein Bindewort folgt, wird **st** (eigentlich sd) daraus:

boistn host = balstn host = bald du ihn hast = wenn (sobald) du ihn hast;

wiăstăs gsägn host = wie (sowie) du es gesehn hast = als du es sahst;

wennstmăs zoăgst = wenn du mir sie (sie mir) zeigst.

In der zweiten Person bleiben die leichten Formen der Fürwörter auch dann an den Bindewörtern hängen, wenn sie in der betonten Form wiederholt werden:

boistn du host – wiăstăs du gsägn host – wennstmăs du zoăgst – wenns ös net kimmts (wenn ihr nicht kommt).

Wenn die leichte Form s im 4. Fall (Akkusativ) – gleichviel welches Geschlecht, ob Ein- oder Mehrzahl – an ein vorhergehendes s oder st gebunden wird, so schiebt sich ă dazwischen:

hostăs gsägn? = hast du sie (es) gesehen?
habtsăs gsägn? = habt ihr sie (es) gesehen?

Beispiele:

Habtsn gsägn – Nā, dēr is net doghwēn.	Habt ihr ihn gesehen? – Nein, er ist nicht dagewesen.
Hostmăn gēbn? – Freilĭ hobădăn gēbn.	Hast du ihn mir (beachte die Umstellung!) gegeben! – Freilich habe ich ihn dir gegeben.

hobădă = hobĭdă; das i wird an das a der nächsten Silbe angeglichen. Dagegen:

Hōbĭdĭ (nicht: hobădĭ) gsägn? – Freilĭ hostmĭ (ursprünglich hostdmi) gsägn.	Habe ich dich gesehen? – Freilich hast du mich gesehen.
Hostmăs gsagt? – Gwihs hobădăs gsagt.	Hast du es mir (Umstellung!) gesagt? – Gewiß habe ich es dir gesagt.
Hostăs gsagt? – Gwihs hobis gsagt.	Hast du es gesagt? – Gewiß habe ich es gesagt.
Hostăs du gsagt? – Gwihs hobs ih gsagt.	Hast du es gesagt? – Gewiß habe ich es gesagt.
Gibtsăs ēam? – Dē gibts ēam nēt.	Gibt sie es ihm? – Sie gibt es ihm nicht.
Gibtăs ihr? – Dēr gibts ihr nēt.	Gibt er es ihr? – Er gibt es ihr nicht.

Er kimmt und sie bleibt dahōam.	*Er* kommt und *sie* bleibt zu Hause.
Dēr hods nēt gsägn.	Er hat sie nicht gesehen.
Dē hodn nēt gsägn.	Sie hat ihn nicht gesehen.
Dēr hot ja dē nō nēt gsägn.	Er hat ja sie (mäßig betont) noch nicht gesehen.
Er hot sie nēt gsägn und sie hot ēam nēt gsägn.	*Er* hat *sie* nicht gesehen und *sie* hat *ihn* nicht gesehen.
As (= ăs) wērd oissamt anderst auf dă Wöït.	Es ändert sich alles (wird alles anders) auf der Welt.
Muăss (= muas's) sēi?	Muß es sein?
Muăss dös sēi?	Muß das sein?
Dös muăßt ēa gēbn! – Gwihs gihbis ēană.	Das mußt du ihnen geben! – Gewiß gebe ich es ihnen.
Mir hams gsägn.	Wir haben sie gesehen.
Mir ham Eahna (ēană) gsägn.	Wir haben Sie gesehen.
Seids schō doh?	Seid ihr schon da?
Seids ös äh schō doh?	Seid ihr auch schon da?
Ihsăs gwōhnt? – Dēr iss freilĭ gwōhnt.	Ist er es gewöhnt? – Er ist es freilich gewöhnt.

Eine kleine Preisfrage: was kann »wērdsăs mögn?« alles heißen? Sechserlei! Nämlich:

Wird sie sie mögen (= gerne mögen)? z.B. die Schwiegermutter die Schwiegertochter.

Wird sie es mögen? z.B. die Anna, daß ihr der Herr Provisor schöne Augen macht.

Wird es sie mögen? z.B. das Ferkel die Milchflasche.

Wird es es mögen? z.B. das Kind das Essen.

Werdet ihr sie mögen? z.B. die neuen Postautos.

Werdet ihr es mögen? z.B. dös Glump, d.h. jede neue staatliche Einrichtung.

Wichtig sind Einschiebsel zum Zwecke guter Bindung. Wiă-r-i gsagt hob oder wiă-n-i gsagt hob, aber nur: wiă-r-ă gsagt hōd.

Übung

(Zuerst laut lesen, dann mit dem Deutschen vergleichen, zuletzt aus dem Deutschen rückübersetzen)

Wiă-n-is ăn Tōni gsagt hob, daß d'Māhri kimmt, sogtă: »Gäh weidă! Wĕnnstmăs zoăgst, na glāhbis; werd schō nēt kĕmmă.« »Werstăs scho sägn«, sōgh i, »daß kimmt; kemmă muăss (= muăs s'), weisăs (= weilsăs) gsagt hot.« Untă dĕhn daß mă rēdn, is d'Mahri scho kemma und is hintă seină hīgschtandn. »Drāh di um«, sohgi, »hobădăs nēt gsagt, daß kimmt?« »Mögstăs net glaubn«, sogtă, »ă sōh gschwind is scho dohgwēn, daß ihs net gsägn hob, wiăs kemma is.« »Wēhgă deină bini net kemma«, sogt d'Mahri zăn Tōni, »i bi grod wēhgă dĕhn kemma, weilădăs gsagt hob, daß i kimm. Balădăs net gsagt häd, wāhrī net kemma.« »Sihg-

Als ich es Toni sagte, daß Marie kommen würde, sagt er: »Geh weiter! Wenn du mir sie zeigst, dann (nachher) glaube ich es; (sie) wird schon nicht kommen.« »Wirst es schon sehen«, sage ich, »daß sie kommt; kommen muß sie, weil sie es gesagt hat.« Unterdessen (daß) wir reden, ist Marie schon gekommen und hat sich hinter ihn hingestellt. »Dreh dich um«, sage ich, »habe ich es dir nicht gesagt, daß sie kommt?« »(Du) möchtest es nicht glauben«, sagt er, »so schnell ist sie schon dagewesen, daß ich es nicht gesehen habe, wie sie gekommen ist.« »Deinetwegen bin ich nicht gekommen«, sagt die Marie zum Toni, »ich bin bloß deswegen gekommen, weil ich es stäs, Tōni«, sohgi, »wehga deina iss net kemma, »blōhs wehga dehn, dassas gsagt hod. Wass sagt, dēhs tuäts. Wennstäs schē bittst, leicht sogtsdä heid nōh ā bissei mehra…«

dir gesagt habe, daß ich komme. Wenn ich es dir nicht gesagt hätte, wäre ich nicht gekommen.« »Siehst du es, Toni«, sage ich, »deinetwegen ist sie nicht gekommen, bloß deswegen, weil sie es gesagt hat. Was sie sagt, das tut sie. Wenn du sie schön bittest, vielleicht sagt sie dir heute noch ein bißchen mehr…«

Wer die vorstehende Unterhaltung nicht geistreich findet, dem erwidere ich, daß es hier auch nicht auf den Geist ankam, sondern erstens auf die Fürwörter, zweitens aber auf eine gewisse Typik der Redeweise. Das Wiederholen und Bestätigen derselben bekannten Tatsache hat für den Bayern keinen Schrecken, er gibt sich dieser Beschäftigung gerne hin und verzichtet darauf, das Gespräch rasch vorwärtszutreiben. Bei der prachtvollen Gebundenheit seiner Sprache, der Knappheit und zugleich Vielfalt der Ausdrucksformen und Betonung ist das auch durchaus kein Nachteil. Es klingt immer eine neue Saite an, sooft man dieselbe Sache bayrisch herumdreht. Man vergleiche nur die deutsche Übersetzung: wie langweilig, pedantisch, schwerfällig, sinn- und trostlos steht sie daneben. Und darum ist diese Übung sehr bezeichnend.

Nebenbei hast du hoffentlich bemerkt, daß die dir unbekannten Fürwortformen **seinä** und **deinä** vorgekommen sind. Ja, hier handelt es sich um die berühmte Ausnahme von der Genitivregel:

Nach den Verhältniswörtern (Präpositionen) **nēhwā**

(auch nēbn), **gēhgă** (auch gēgn), **wehgă** (auch wēgn), **ühwă, untă, hintă, vōr** und **nach** steht die Einzahl des persönlichen Fürworts im zweiten Fall (Genitiv), und zwar: **meină, deină** und **seină** (männlich und weiblich!). Für die Mehrzahl stimmt das nicht, dagegen kommen die Genitivformen **unsă** und **enkă** vor in Sätzen wie:

unsă săn sēchsē gwēn = unser sind sechs gewesen;
wiăvuĭ săn enkă = wieviele seid ihr?

Jedoch sagt man lieber:

sēchsĕ sān uns (Dativ)

und ebensogut:

wiăvuĭ san enk (Dativ).

Damit sind die einzigen bayrischen Genitive erledigt.

11. Ein ganz ein geschwindes Kapitel

Wenn ich recht ekelhaft sein wollte, müßtest du jetzt die bayrischen Zeitwörter durchkonjugieren und danach alle Formen einpauken, die vom Deutschen abweichen. Für einen strengen Lehrer, der seinen Schüler recht zwicken will, gibt es halt nichts Schöneres als unregelmäßige Verba. Aber wir machen es gnädig. Du brauchst nur so viel wissen, daß du dich überhaupt auskennst, und darum wird dieses Kapitel ein ganz ein geschwindes Kapitel.
Ich bin gegangen = i bi gangā.
Was fällt dir am bayrischen Mittelwort der Vergangenheit (Partizip des Perfekts) gangā auf?
Erstens ist die Vorsilbe ge- weggeblieben, zweitens ist aus der Endung -en die Endung -ā geworden. Merke über die Bildung des Perfekt-Partizips:
Die deutsche Vorsilbe **ge-** wird zu **g**; aber vor b, p, d, t, g, k und z fällt sie weg – und zwar gänzlich, ohne etwa angeglichen (g'ganga oder d'dauert) zu werden:

garwāt = gearbeitet, bōgn = gebogen, gfahrn = gefahren, grabn = gegraben, ghoāssn = geheißen, kěnnt = gekannt, gnummā = genommen, pāsst = gepaßt, gstandn = gestanden, tragn = getragen, gwēn = gewesen, zoāgt = gezeigt.

Die Endung **-t** (der schwach gebeugten Zeitwörter) wird auch nach d und t nicht zu -et:

gredt = geredet, badt = gebadet, bēt = gebetet, bitt = gebeten, kōstt = gekostet, gwartt, bluātt.

Die Endung **-en** (der stark gebeugten Zeitwörter) bleibt bestehen, d.h. sie wird zu **-n**; aber nach ch, ng, k, m, n, wird sie zu -ā, meistens auch nach f (besonders ff). –

Dasselbe gilt für die Endung -en der Nennform (Infinitiv) und der 1. und 3. Person Mehrzahl in der Gegenwart:

bachă = gebacken, gsungă = gesungen, gstunkă (sprich gstunggă) = gestunken, gnummă = genommen, grunnă = geronnen, gsuffă = gesoffen, lachă = lachen, mir singă = wir singen, dēh pakkă = sie packen, schāmă = schämen, mir wōană = wir weinen, dēh läffă = sie laufen. – Aber: reibn, grabn (graben und gegraben), mir rēhdn, glōhgn (gelogen), gfoin (gefallen), dēh beissn, mir scherzn.

Nach Diphthongen steht ebenfalls gerne -ă statt -n: dēh schreiă = sie schreien, mir bauă = wir bauen.

Beachte die *Vorsilben* zusammengesetzter Zeitwörter:

an = ō ōbeissn, ōschiăbn,
ab = oh ohbeissn, ōhschiăbn,
be = be, nicht b'; Ausnahme vor s (bsuffă, bscheissn, bsinnă) und bhoitn = behalten (öfter freilich ghōitn),
ein = ēi ēireibn, ēipakkă,
er = kommt nicht vor, meist ersetzt durch dă (vernachlässigtes a): dăbarmă = erbarmen, dăbēhdln = erbetteln, dăfragn = erfragen, dălernă = erlernen, dălēbn = erleben, dăwartn = erwarten,
ver = vă (vernachlässigtes a) und vō, oft beides möglich: vădēană und vōdēană = verdienen, văgēssn und vōgēssn = vergessen; aber nur vărekka = verrecken,
zer = z', seltener ză: zreissn, ztrümmern, zfēzzt = zerfetzt (auch zăfēzzt); wird aber auch durch dă ersetzt,

> dä (vernachlässigtes a) = eine ganz speziell bayrische Vorsilbe; wie man oben sieht, ersetzt sie oft das deutsche er-, gelegentlich auch zer-; daneben aber hat sie noch die unübersetzbare Bedeutung, daß etwas vollständig, durchaus, restlos geschieht; ja daß die Folge der betreffenden Tätigkeit die Vernichtung ist: der hodsi dästäßn = er hat sich so gestoßen, daß er tot oder mindestens vollständig zerstoßen ist; der hodsi därennt = er hat sich zu Tode gerannt; der hodn dälögn = er hat ihn so angelogen, daß dieser andere eigentlich hin sein müßte.

Hier kann ich nicht umhin, eine Krenkl-Anekdote zu erzählen, deren ich mich aus meiner Schulzeit erinnere. Krenkl war eines der berühmtesten Münchner Originale des vorigen Jahrhunderts und seines Zeichens Kutscher. Tausende von Geschichten waren früher über ihn in Umlauf, und viele sind gedruckt worden. Ob auch die folgende, weiß ich nicht; möchte es eigentlich auch nicht hoffen, denn sie zeichnet sich mehr durch Unanständigkeit als durch Witz aus. Wenn ich sie trotzdem serviere, bitte ich um Nachsicht. Es geschieht nur, weil nichts erfunden werden könnte, was die Bedeutung der bayrischen Vorsilbe dä besser erklärt.

Auf dem Marienplatz ist einmal ein junger Mann – es muß, wie man gleich sehen wird, ein übler Bursche gewesen sein – von einem heftigen Leibschneiden befallen worden. Und das Leibschneiden ist immer ärger geworden, und es hat ihn so eigenartig gedrückt im Bauch, daß ihm ganz wehmütig zumut geworden ist. Er hat gespürt, daß etwas geschehen müsse; etwas, was man nicht gerne tut, ohne nach allen Seiten gedeckt zu sein. Aber an einer solchen Deckung hat es gefehlt, und bis zu den nächsten Häusern hat's nimmer langen wollen. Da ist vor seinen suchenden Blicken, zwei Schritt bloß entfernt, dem Krenkl seine Kutsche gestanden. Und der junge Mann ist hinzugetreten, hat zum Krenkl gesagt: »Fahrens mich zum Isartor!« und war schon drin. Der Krenkl ist losgefahren, schön langsam durchs Rathaus ins Tal hinunter und am Soller vorbei zum Isartor. Weit ist's ja nicht hin. Aber für den jungen Mann war's weit genug, um sein Leibschneiden loszuwerden; auch weit genug, um das schützende Gefährt mit einem heimlichen Sprung rechtzeitig zu verlassen. Der Krenkl hält am Isartor und wartet. Wartet geduldig zuerst, dann ungeduldig; schließlich steigt er vom hohen Bock herunter und öffnet die Wagentür, seinen offensichtlich eingeschlafenen Fahrgast zu wecken. Er kann ihn nicht finden, er schaut und schaut und sieht ihn nicht – aber schließlich sieht er doch etwas. Und weniger beleidigt als betroffen, meint er unter Kopfschütteln: »Ja was wāhr denn jetz dös! I hob scho gsägn, daß õanā guād sch..., i hobs aa scho gsägn, daß õanā vui sch... – abā daß si õanā *ganz* dasch..., dēhs hobi no nēt gsägn!«

Man wird mir zugeben, daß diese Vorsilbe dā schlechterdings nicht zu übersetzen ist; doch dürfte ihr Sinn nunmehr hinreichend ausgedeutet sein.

Zur Konjugation der Zeitwörter sei noch gesagt, daß die Endung -e selbstverständlich weggelassen wird (ich reibe = i reib) und daß in der 3. Person Mehrzahl manchmal die alte Endung -nt herauskommt, wenn es die Bindung erfordert, z.B. dēh bringäntāh nix zamm = die bringen auch nichts zusammen. Dagegen: dēh·bringā nix zamm.

Im Deutschen sagt man:
  ich fahre, du fährst, er fährt,
  ich grabe, du gräbst, er gräbt,
  ich laufe, du läufst, er läuft,
  ich werfe, du wirfst, er wirft,
  ich steche, du stichst, er sticht,
  ich lese, du liest, er liest,
  ich werde, du wirst, er wird;

im Bayrischen aber:
  i fahr, du fahrst, dēr fahrt,
  i grahb, du grabst, dēr grabt,
  i lāff, du lāffst, dēr lāfft,
  i wirf, du wirfst, dēr wirft,
  i stihch, du stichst, dēr sticht,
  i lēhs, du lēhst, dēr lēhst,
  i wēr, du wērst, dēr wērd,

woraus zu sehen ist, daß sich der Stammvokal in der Einzahl nicht ändert. In der Mehrzahl heißt es natürlich mir werffä und mir stēchä. Merke noch: i stirb, i nimm (nehme), i triff.

Einige bemerkenswerte Formen:
  gspunnä, gwunnä, grunnä = gesponnen, gewonnen, geronnen,
  ziägn, speibn, schneibn, leichä = ziehen, speien, schneien, leihen,
  gweicht = geweiht, gwoächt = geweicht,
  glittn = geläutet, gwunschn = gewünscht,
  gmoin = nicht nur gemahlen, sondern auch gemalt,
  gwunkä = gewinkt, dēnkt = gedacht,
  glöffn und gläffä = gelaufen,
  saufn und sauffä, gsöffn und gsuffä = saufen, gesoffen,

stössn (stässn), (gstössn) = stoßen, gestoßen,
drähn, dräht = drehen, gedreht,
feit, gfeit = fehlt, gefehlt,
fercht, gforchtn = fürchte, gefürchtet,
i derf, mir derffă, derffă = ich darf, wir dürfen, gedurft,
i kōh, mir kinnă, kinnă = ich kann, wir können, gekonnt,
i tuă, mir tēăn, tōă, tōh = ich tue, wir tun, tun, getan,
i kimm, mir kemmă, kemmă (auch kummă) = ich komme, wir kommen, gekommen.

Über die *Verhältniswörter* oder Präpositionen ist nicht viel zu sagen. Daß keines von ihnen den Genitiv regieren kann, weil es keinen Genitiv gibt, haben wir schon gelernt, und die einzige Ausnahme auch. Sage also nicht: trotz des Bieres, sondern: trotzăn Bier = trotz dem Bier! Im übrigen vermeide die Wörter, sonder, wider, gemäß, diesseits, jenseits, kraft, vermöge, laut, willen, binnen, unfern, unweit, zufolge und ähnliche geschwollene Ausdrücke.

in wird oft zu ă; ă dă Häh = in der Höhe, ăn Wassa = im (ă'n) Wasser; aber: ann Wassă = am (an'n) Wasser. Sehr blamieren kannst du dich mit Fragen, wie: **wovon** redet er?, **wozu** sagt er das?, **woran** denkst du? – Es muß heißen: **vō was** redtă?, **zu was** sōgtă dēhs?, **an was** denkst? Dagegen kann man sagen: i hōb **dăvō** gredt; i hōb **drō** dēnkt. Aber auch die Zusammensetzungen mit **da** gelten nicht für alle Verhältniswörter. Es heißt: **durch dēhs** (**mit dēhn**) ihsă-r-ă d'Schuĭdn kēmmă = **dadurch** (**damit**) ist er in die Schulden geraten.

Und wir sind damit schon in die *Umstandswörter* (Adverbien) geraten. Ein paar wichtige:

leicht oder lei = vielleicht; pfeigrōhd = ganz genau,

ausgerechnet; nēt z'wēnĭ = sehr; dă Wind gäht laut = der Wind geht stark; schiăch = sehr arg; umăsüst, umăsunst = umsonst; grōhd = nichts als, nur; blōhs = bloß, nur; grōhd = heißt auch geradezu; grohd schē iss gwēn; grohd gnädi hodsăs ghabt = recht wichtig (nötig) hat sie getan; znăchst = kürzlich; dortmoĭs = damals; selm oder söĭm = selbiges Mal, damals; ēhndă = eher; na = nachher, dann; nachăt, hernach = nachher; ă diăm = mitunter, manchmal; ă sōh = so; no = noch; nōhmoĭ = noch einmal; dēhsmoĭ = diesmal; n = leichte, anzuhängende Form von denn: woăßtn du dēhs nēt? = weißt denn du das nicht?;

halt, fēi und gel = drei typisch bayrische Floskeln, die mit vielen Worten zu umschreiben ich mir erspare, da sie hinlänglich bekannt sind:

hint = hinten; unt = unten; ōbn, ōmmăt = oben; hibei = nahe bei: bein Ohfă hibei iss gstandn = beim Ofen ist sie dortgestanden; herēnt, herēntn = herüben; drēnt, drēntn = drüben; drunt, druntn = drunten; drōbn, drōmmăt = droben; drinnăt = drinnen; draußt, draußtn = draußen; es gibt auch die bäurischen Formen dinnat und daußt; ēiwendĭ = innerlich, innen; dēh is ēiwendĭ ganz dăfeit = sie ist innen ganz verfault.

Wohin geht sie denn? heißt auf Bayrisch: wo gähtsn hĭ? – Woher kommt sie denn?: wo kimmtsn her? – Die Adverbien, die eine Richtung ausdrücken, sind recht interessant. Die Endung -ă drückt aus, daß etwas zum Sprecher hin geschieht, die Endung -ĭ, daß es von ihm weg geschieht.

auffă – auffĭ = herauf – hinauf,
außă – außĭ = heraus – hinaus,
ohwă – ohwĭ = herab, herunter – hinab, hinunter,

eină – einĭ = herein – hinein,
ummă – ummĭ = herüber, hierher – hinüber, dorthin,
zuăwă – zuăwĭ = her zu mir (uns) – hin zu den andern,
fürä – fürĭ = hier vor – dort vor.

Einseitig sind: übrĭ = hinüber, hintrĭ = nach hinten (nach dem Hintergrund zu), hēhră = her. Im letzten Fall handelt es sich wohl bloß um ein beliebig angehängtes ă, etwa wie in gäh weggă = geh weg! oder jetztă = jetzt.

Schließlich ist auch das Wort **nicht** ein Umstandswort, und so sei gleich betont, daß im Bayrischen die Regel gilt: **Doppelte Verneinung ist erst recht eine Verneinung.** Wir wählen für das in verschiedenen Gegenden noch immer verschieden ausgesprochene Wörtchen **nicht** die allgemeine Form: **nēt**. Weder **nit** noch das feine bäurische **it** (Dachauer Gegend) kann heute mehr die Konkurrenz mit dem breiten, etwas ordinären nēt aufnehmen.

I hob kōan Durscht nēt = ich habe keinen Durst. – I hob durchaus gar kōan Durscht nimmă = ich habe durchaus keinen Durst mehr.

12. Das homerische Zwischenspiel

Die Ilias vom alten Homer ist ein elendig langes Gesangl. Da muß einer schon eine schöne Geduld haben, bis er sich durchbeißt durch die ganzen Heldentaten von den Griechen und Trojanern. Und woher kommt das? Weil diese Helden so ein furchtbares Maulwerk haben. Wenn einer seinen Feind trifft, dann reißt er gleich das Maul auf und bringt es so geschwind nicht mehr zu. Er redet und schreit und dreht auf, als ob der andere davon hinwerden müßte. Aber der kennt sich auch aus, wie man's macht. Er ist nicht faul und plärrt gleich noch besser wie der erste. Ein anständiger Christenmensch wär schon lang verreckt von dem faden Blimiblami, den sie einander vormachen. Ich glaube aber, diese Heiden haben gußeiserne Mäuler und Ohrwaschl gehabt. Der Homer erzählt kein einziges Mal, daß einer auslassen hätte und matt worden wäre von der saudummen Tratzerei. Bloß vom Kampf werden sie matt. Hie und da packt halt doch einer den anderen an, haut ihn ein bissel her oder bringt ihn um. Hauptsächlich deswegen, weil sie einen Tag für den andern so grausame Sprüch reißen, daß alle heiligen Zeiten einmal auch etwas Richtiges geschehen muß.

Ich möchte unsere ehrbaren christlichen Jünglinge, garaus die handfesten, gewiß nicht mit solchen heidnischen Spruchbeuteln vergleichen. Mit solchen windigen Hanswursten, wo einer gleich zum Flennen angefangt hat und hat drei Tag getrenzt wie ein altes Weib, weil sie seinem Freunderl ein Wähwäh getan haben, daß er nimmer hat aufstehen können. Ist das auch noch eine Freundschaft und ein Benehmen von einem ausgewachsenen Menschen? Gehts mir weiter mit den griechischen Helden! Spinatbüberl sind's gewesen, keine Mannsbilder.

Also, sage ich, damit daß ich unseren Jünglingen jetzt etwas anhänge von einem »homerischen Zwischenspiel«, will ich sie durchaus nicht beleidigen. Ich habe halt die gelehrten Ausdrücke so gern, weil ich ein studierter Mensch bin. Und wenn ich in das bayrische Raufen den Homer hineinbringe, schaut das doch etwas gleich. Übrigens – ein Zwischenspiel ist nur etwas Kurzes und geht schnell vorbei.

Wir haben schon gesehen, daß es im Bayrischen nur wenige an sich beleidigende Ausdrücke gibt, daß vielmehr die meisten auch ins Komische gewendet werden können oder doch nichts weiter sind als eben derbe Anreden. Die Kraft der Beleidigung, die das Handgreifliche nach sich zieht, entspringt weniger aus der Beschaffenheit des Worts, als aus der allgemeinen Lage.

Es ist ein häufiger, aber grober Irrtum, zu glauben, der Bayer werde besonders leicht, sozusagen bei jeder sich bietenden Gelegenheit handgreiflich, er raufe gewissermaßen aus Beruf. Das sind romantische Ansichten, die auf Postkarten gemalt gehören und dann aus dem Land der schönen Sennerinnen, der ewig wildernden, schuhplattelnden, kammerfensterlnden Buam in die verstehend lächelnde Welt hinausgeschickt. Bestimmte Situationen sind es zwischen bestimmten Menschen, die dem Herkommen gemäß mit einem **Raffäts** enden. Diese Situationen sind meistens lang vorbereitet, und der Anlaß zum Ausbruch der Rauferei wird dann öfter künstlich geschaffen, als daß er sich zufällig ergibt.

Nicht leicht werden sich ausgewachsene Bauern aus einem zufälligen, wenn auch harten Wortwechsel heraus plötzlich anpacken. Niemals wird ein Bauer einen Knecht oder gar ein Knecht einen Bauern anrühren, niemals ein Sohn sich an seinem Vater vergreifen. Selbst wenn der Vater sagt »du brauchsts **Mäu nēt ă sōh aufreißn** gēgn meină, du Hodălump, du schlechtă« oder »vō dihr laß mă-r-ih's **Mäu nēt biătn**, du ausgschamtă Rōhzbuă«, ja selbst wenn sich – was kaum vorkommt – der Vater so weit vergessen sollte, den erwachsenen Sohn dabei derb am Arm oder an der Schulter zu packen, so wird sich der Beleidigte **zruckhoïtn**, er wird **stāhd sēi** (still sein) oder höchstens vor sich hin **mamsen** (schimpfen). Als laute Widerrede wagt er vielleicht die Frage: »Derfst mă du dēhs sogn, Vattă?« Was ich andeuten möchte, ist, daß in Bayern die Handgreiflichkeiten und Ohrfeigen durchaus nicht so feil sind, wie der watschentanzbegeisterte Ausländer vielleicht annehmen möchte. Man hat in den unverdorbenen bayrischen Gegenden wahrscheinlich mehr Achtung voreinander als anderswo, nur pflegt man es sich nicht zu versichern. Und im übrigen hat der Bayer einen ungewöhnlichen Sinn für Humor. Daher kommt es, daß auch unter Gleichaltrigen und Gleichgestellten, seien es Freunde, gute oder oberflächlich Bekannte, nicht so leicht eine Rauferei entsteht, weder aus heiterem Himmel, noch wenn einer den andern tratzt.

Einen **trahzn** oder **aufzwickn**, das heißt ihm mit Worten so lang zusetzen, bis er sich ärgert. Gelingt es nicht, so muß man ihn direkt **dăbleckă** (verspotten); damit kann man jeden sicher **ă d'Häh treibn** (in die Höhe treiben), bis man feststellt: **dēhn stinktă** (dem stinkt er), **dēhn hŏcktă** oder **dēhn rāchtă** (raucht er). Dieser Zustand verhaltenen Grimms, wobei nicht zu ergründen ist, wer eigentlich dem Betreffenden stinkt, hockt oder raucht, darf man nicht mehr weiter steigern, sonst tut sich der Kerl zu arg **giftn**, er wird **giftĭ** (giftig), **wēpsĭ,** (wespig, wie wenn er eine Wespe wäre) oder gar **böïzĭ** (pelzig, d. h. direkt unangenehm). Die gewöhnliche Tratzerei führt selten zum Raufen, höchstens wenn gar zu viel gesoffen worden oder ein notorischer Raufer in der Gesellschaft ist.

In der Regel ist die Situation, aus der eine Rauferei entsteht, durch eine Feindschaft vorbereitet. Wem zum Beispiel das Tratzen und Derblecken gar zu oft passiert, dem züchtet man leicht einen tiefsitzenden Groll an. Er bekommt das Gefühl, daß mit ihm **Schindluădă trihbn** wird, und die Feindschaft ist schnell da. Anerkannte Feindschaften können zwischen Dörfern bestehen, zwischen Parteien innerhalb eines Dorfes, zwischen Rivalen um ein Mädchen usw. Ist der Boden so vorbereitet, bedarf es nur einer Situation. Dann geht das Raufen an. Nicht, weil gewisse Beleidigungen ausgesprochen worden sind; umgekehrt, solche Worte fallen nur, weil und wann sie die Lage erfordert. Von einem gewissen Augenblick an gibt es kein Zurück mehr. Und dieser Augenblick ist das *homerische Zwischenspiel.*

Homerisch nenne ich es deshalb, weil es die unerläßliche Einleitung der Schlacht durch Worte ist. Unterscheiden vom Homerischen tun sich die Bayern dadurch, daß sie in ihren unscheinbar zu nennenden Worten keine künftigen Heldentaten androhen, sondern diese unmittelbar darauf für sich selbst sprechen lassen. Ein Beispiel:

Feindschaft: Unnötig, ihr weiter nachzuspüren. Von jeher haben die Burschen von A. mit denen von B. gerauft.

Situation: Veteranenfest, anschließend Ball in A. Gemeinsamer Tanz beim Unterwirt. Eine aus vielen Erzählungen bekannte Situation, die schon bald langweilig ist. Uns kommt es aufs folgende an:

Anlaß: Der Anführer von A. tritt einem von B. auf den Fuß. Nicht ganz ohne Absicht. Und noch einmal.

Homerisches Zwischenspiel:

B. (beinahe sanft) Muǎst mi du oïwei trēhdn?

A. Wos mägst? (Betonung auf wos.)

B. (noch gemäßigt) Obstmi du oïwei trēhdn muǎst?

A. (lauter) Wos mägst?

B. (ebenso) Steig dǎ söïm auf d'Hāxn, abǎ nēt auf dē mēin!

A. Gǎht dēs dih ēppǎs ō, wō-n-i hîsteig, du Depp?

B. (betont) Wos host gsogt?

A. Auf dih päß ih übǎhāpts nēt auf –

B. (noch betonter) Wos host du gsogt?

A. Auf kōan vō B. päß i übǎhāpts nēt auf –

B. (mit furchtbarer Betonung) Sags nōhmoï! – Wohs host du gsogt?

A. Gǎh hēhrǎ, boist wos mägst!

Folgen unmittelbar die Tätlichkeiten.

Der Witz des homerischen Zwischenspiels bei den Bayern sind also weder fürchterliche Drohungen, noch derbe

Schimpfworte. Ich habe welche gehört, wo überhaupt kein Schimpfwort gefallen ist. Die Situation ist so geladen, daß sie zur Rauferei führen muß. Um in anständiger Form möglichst schnell zu diesem Ziel zu gelangen, dazu dient das Zwischenspiel. Es setzt sofort nach dem Anlaß (hier das Fußtreten) ein und besteht darin, daß man den Gegner durch scharfe Wiederholung überflüssiger Fragen (der A. weiß genau, was der B. möcht, und der B. genau, was der A. gesagt hat) vorwärtstreibt, bis er nicht mehr zurück kann. Bei der zweiten, spätestens dritten Wiederholung derselben Frage ist der Lauf der Ereignisse festgelegt, und eine letzte Aufforderung, der andere möge hergehen, wenn er eine Schneid hat, ist eigentlich nur noch der befriedigte Seufzer, daß es aufgehen kann.

In dieser und ähnlicher Form ist das homerische Zwischenspiel in ganz Altbayern üblich. Auch in der Stadt wird es nie vergessen, obwohl es hier mitunter vorkommt, daß nur unbedeutende Taten darauf folgen. Sogar die Schulbuben wachsen im homerischen Brauch auf; sie sind dabei wegen mangelnder Stimmkraft und Würde auf stärkeren Gebrauch von Schimpfwörtern angewiesen. Leider läßt auch bei ihnen, wie ich mit Bedauern feststellen muß, der Ernst der anschließenden Kämpfe immer mehr zu wünschen übrig. Der Sport zerstört die guten Sitten der Väter.
Hingegen der gesetzte Bürger der Städte hat sich von jeher auf das Raufen nicht eingelassen. Von dem Zeitpunkt, wo er sein Wamperl ansetzt, also etwa vom 30. Lebensjahr ab, ist ihm sein Körper heilig und wird durch gleichmäßigen Biergenuß sorgfältig konserviert, bis als einziger der Tod in Form eines Schlaganfalles ihn berührt. Deswegen schimpft der Bürger aber erst recht und spart nicht mit

kritischen Bemerkungen über den Nebenmenschen; wenn jedoch die Lage kritisch wird, zieht er sich mit einigen rhetorischen Wendungen vorsichtig zurück. Diese lauten etwa:

mă sagt ja grad, netwahr
mir (= mă) sagt grad vō dēhn, daß...
mă wērd do nō rēdn derffā.

Wenn er solchermaßen seinen Rückzug gesichert hat, beginnt er mit seiner Kritik von vorne, um peinlichem Widerspruch gegenüber immer wieder zu betonen, daß man ja nur sagt, daß man ja nur redet ... Ein schönes Kapitel der Rhetorik sind auch Sätze wie:

dēhr werd nēt dogwēn sēi!

Vorwurfsvoll ausgesprochen und auf den Silben dehr und dō betont, soll es heißen: Er ist dagewesen, ist selbstverständlich dagewesen. Ebenso:

dēhr werd nēt kēmma!

Er wird selbstverständlich kommen! – Dieselben beiden Sätze, zweifelnden Hauptes ohne Betonung auf dēhr und mit etwas deutlicherem nēt ausgesprochen, drücken eine Vermutung aus, und zwar die, daß er *nicht* dagewesen sei, daß er nicht komme.

Bei Vermutungen über zurückliegende Vorgänge wird gern die Form der vergangenen Zukunft benützt. Von der Tätigkeit eines Mitmenschen nimmt man z. B. mit Vorliebe an: dēr werd si schō recht saudumm ōgstöït ham. Unangenehme Überraschungen bei anderen malt man sich so aus: Dēr werd nēt wēni gschaut ham!

Nebensätze, besonders Relativsätze, werden nicht sehr gerne gebildet. Man zieht die Beiordnung allen schwierigen Abhängigkeitskonstruktionen im Satzbau vor. Vergleiche:

Gestern kam ein Fremder, welcher ein Ferkel kaufen

wollte = gesting is ă Fremdă kemmă, dēr hätt ă Fakkĭ kăffă mögn.

Es stehen im Bayrischen zwei Hauptsätze gleichwertig nebeneinander. Natürlich gibt es auch untergeordnete Sätze, vor allem indirekte Fragesätze:

dēr woăß net, wiă-r-ăs ōfangă muăs = er weiß nicht, wie er es anfangen soll;

dēr woăß net, warum daßă kemmă is = er weiß nicht warum er gekommen ist;

dēr woăß net, dēhn wöichăn daßăs gebn muăs = er weiß nicht, welchem er es geben soll;

und Sätze mit Bindewörtern (daß, weil = Konjunktionalsätze); beachte jene, die ein Mittel angeben:

dadurch, daß er ihn erschlug = durch dēhs, daßăn daschlohgn hod;

damit, daß er ihn erschlug = mit dēhn, daßăn daschlohgn hod;

indem er ihn erschlug = indem daßăn daschlohgn hod.

Die Wendung »indem, daß« gehört der gehobenen bayrischen Sprache an und ist unentbehrlich für Vereinsreden, deren Schönheit meistens auf ihr beruht. Aber auch Relativsätze kommen vor. Das Relativpronomen heißt **wō**. Davor tritt der betonte Artikel (Fürwort) im betreffenden Beugungsfall; doch kann er im 1. und manchmal auch im 4. Fall wegbleiben:

dēr Bāhzi, (dēr) wō mi ausgschmihrt hōd;

dēr Depp, dēhn wō mă ausgschmihrt ham;

dē Sau, (dē) wō mă gsăgn ham;

dē Loăs, dēr wō măs gschafft (angeschafft, befohlen) ham.

Wichtig ist auch der Bau betonter Wendungen und Sätze. Wir haben schon bei den kritischen Bezeichnungen gesehen, daß die Wirkung sich erhöht, wenn das Eigenschaftswort unter Wiederholung des Artikels oder Fürwortes nachgestellt wird:

du Hammi du gschertă,
dēr Rōhzbuă dēr nixige.

Ähnlich wiederholt man den unbestimmten Artikel nach den Umstandswörtern **ganz** und **recht**:

ă ganz ă schlechts Wēhdă = ein ganz schlechtes Wetter,
ăn recht ăn brāhvn Mōh = einen recht braven Mann.

Du darfst nicht sagen: so 'ne dumme Sache, sondern: ă sōh ă dummĕ Gschicht! Und du sollst sagen:

dös is nōh dă bessă = das ist der noch bessere, der ist noch besser,

dös is nōh dĕ bessă = das ist die noch bessere, die ist noch besser,

dös is nōh dös bessă = das ist das noch bessere, das ist noch besser,

dös werd dös bessă sēi = das wird das *beste* sein.

Nicht ganz klar, was? Da müssen wir rasch einen Ausflug zur *Steigerung der Eigenschaftswörter* unternehmen, denn die ist eigenartig:

1. Positiv: stark; Komparativ: stärkă (= stärker); Superlativ: am stärkăn (=stärkern) oder am stärkstn.
2. dă stärkă (= stärker') = der stärkere, der stärkste,
   dĕ stärkă (= stärker') = die stärkere, die stärkste,
   dă stärkst = der stärkste,
   dĕ stärkst = die stärkste.
3. ă stärkănă (= stärkerner) = ein stärkerer,
   ă stärkănĕ (= stärkerne) = eine stärkere,
   ă stärkăs (= stärkers) = ein stärkeres.

1. Der deutsche Komparativ ist im Bayrischen sowohl Komparativ als Superlativ, d. h. der höhere Grad bezeichnet zugleich auch den höchsten. Daneben gibt es den normalen Superlativ.

2. Wenn die Steigerungsformen schwach gebeugt werden (bestimmter Artikel), fällt die Endung -e mit Vorliebe weg. Es kann jedoch beim Komparativ auch die verlängerte Endung -ănĕ (= erne) stehen wie bei 3.

3. Bei der starken Beugung (unbestimmter oder kein Artikel) hat der Komparativ die verlängerten Endungen -ănă (= erner) und -ănĕ (= erne).

3. und 4. Fall: einem, bzw. einen stärkeren Mann = ăn stärkăn (= stärkern) Mō oder ăn stärkănă (= stärkeren; Endung -en wird nach n zu -a!) Mō.

Der Umlaut tritt ein wie im Deutschen; oft sogar noch ausgiebiger:

arg – ergă, am ergstn; oder (noch häufiger irgă, am irgstn,

groß – größă, am größtn; oder größă, am größtn,

hoch – hähă oder hächă, am hächstn (sprich: häxtn).

Man sagt: mir sān nōh **bessă** gloffn = wir sind noch **mehr** (Umstandswort) gelaufen; aber: mir ham nōh **mehră** mitbracht = wir haben noch **mehr** (Objekt) mitgebracht. Mit andern Worten: Die Steigerung von sehr heißt **bessă**, die Steigerung von viel **mehră**.

Zurück zur Satzlehre! Ein paar Sprüche und Stellungen, die dem Nachdruck dienen:

er ist sehr dumm = ēhr is sō dumm, daß's ganz aus is – daß's ganz gfeit is – daß's nix zwoats net gibt;

er war so wild, daß man sich fürchten mußte = a sōh wuid ihsă scho gwen, dāmmă (= daß man) si fĕăchtn hod müăßn;

er hatte eine Wut – furchtbar! = gstunggă hodă-r-ēam – dös is ganz aus gwen!

Die zwei letzten Sätze zeigen, daß die Umstellung (Inversion; **hat er** statt **er hat**) im Bayrischen sehr häufig ist. Sie dient nicht nur der Lebendigkeit der Erzählung, sondern wird auch oft dadurch notwendig, daß die betonten Wörter rücksichtslos an den Satzanfang gestellt werden. Das geschieht sogar in den bedingenden Nebensätzen; man zieht dann das betreffende Wort vor das einleitende Bindewort (bal oder wenn)

    mir balǎs gsagt hätt = wenn er *mir* das gesagt hätte;
    dēhs balǎmǎ gsagt hätt = wenn er mir *das* gesagt hätte;
    dēhr balmǎs gsagt hätt = wenn *er* mir das gesagt hätte.

Diese Stellung ist so beliebt, daß sie auch bei weniger starker Betonung angewandt wird. Selten jedoch in den anderen Arten der Nebensätze, die mit **weil, wiä, daß** usw. eingeleitet sind.

13. Die fortwährend unterbrochene Spazierfahrt

»Hēbst mäs ä bissei?« sagt fröhlich die Leni, indem sie dir die Lenkstange ihres funkelnagelneuen Fahrrads in die Hand gibt, »glei bini wihdä doh!«
Schon ist sie in der Ladentür verschwunden und du stehst da, betrachtest das schöne Radl und denkst: »Warum soll ich es heben? Und wohin soll ich es heben? Einfach in die Höhe?« Nein, mein Lieber, heben heißt soviel wie halten. Du brauchst dich also nicht anzustrengen. Aber, bis die Leni zurückkommt, verrate ich dir: ob du deine Hand auf den Sattel legst oder tiefer auf das Schutzblech, was sich weniger empfiehlt, oder gar ganz unten auf die Pedale – was mühsam und sinnlos wäre – in jedem Fall *hebst* du deine Hand hin. Auf die Höhe kommt's beim bayrischen Heben nicht an. Wenn du jetzt deinen Hut über die Lenkstange hängen willst und er fällt immer wieder herunter, so kannst du mit Recht behaupten, daß das Luder – der Hut – nicht hebt. Du sollst aber das Radl nicht so stark nach der anderen Seite neigen, sonst kommt der Moment, wo du es nicht mehr dähēbn kannst; dann fällt es um und du darauf. Wenn da grad die Leni dazukäme, könnte sie sicher das Lachen nimmer dähēbn; lustig, wie sie ist, würde sie so hemmungslos lachen, daß sie sich irgendwo eihēbn, d.h. anhalten müßte, und du wärst blamiert. So ein schadenfrohes Gekicher hat sich oft schon lang ghēbt, und du mußt froh sein, wenn es sich endlich ghōbn hat. »Ghēbt« heißt nämlich gehalten, »ghōbn« aber das Gegenteil: davongehoben. Dēh Gschicht hodsi ghōbn – die Sache ist erledigt.
Zum Glück ist dir nichts dergleichen passiert, die Leni kommt zurück und ihr radelt zusammen davon. »Host

Zeidlang ghabt?« meinte sie, »i hob mi grohd ă bißl văhoĭtn bei dă Kramărin«.

Ja, Zeitlang hast du gehabt, gestehs nur, nach der hübschen Leni, aber was soll das heißen, daß sie sich ein bissel verhalten hat? Hat sie sich schlecht oder gut verhalten? Keins von beiden. Sie will dir nur entschuldigend sagen, daß sie sich ein wenig *auf*gehalten hat.

»D'Rādl kō mă nimmă-r-ă sōh stēh lassn«, erzählt die Leni im Fahren, »znăchst hams mă dōs mēi druckt!« – Du fragst erstaunt: »Was haben sie dir?« – »Zwickt hams măs«, erklärt sie.

Gedruckt, gezwickt haben sie es ihr? Gewiß, man möchte der Leni gern was drucken oder zwicken, denkst du, aber nicht das Radl. Du bist schon wieder nicht im Bilde. Drucken heißt, wie du richtig erkannt hast, so viel wie drücken. Und sowohl drücken als auch zwicken bedeutet in solchem Zusammenhang »heimlich wegnehmen«, vom Scherz angefangen bis zum Tatbestand des Diebstahls. – Und weil ich deine Spazierfahrt mit der Leni ohnedies fortwährend unterbrechen muß, so höre: dōs mēi = das meine, dă mēi = der meine, dĕ mēi = die meine; mēi Rādl = mein Rad, mēi Lēhni = meine Leni, mēin Rādl = meinem Rad, mēină Lēhni = meiner Leni, mēin Hansĕ = meinem Hansl oder meinen Hansl; meiner war es = mēină iss gwēn (aber lieber: dă mēi iss gwēn), meine war es = mēine iss gwēn (lieber: dĕ mēi iss gwēn); meines war es = mēins oder mēis iss gwēn (lieber: dōs mēi). Für dein (dēi) und sein (sēi) gilt dasselbe. Ferner werden die Formen von ōa (= ein, Zahlwort und betonte Form des unbestimmten Artikels) und kōa = kein genau entsprechend gebildet: ōană, ōan, kōas usw. »Dă Māhrĭ sēi Radl hams āh druckt vor ă simm ăn acht Wōchă. Dēh hods ēam owă glei denkt, dă wöichĕnĕ Bāhzi daß druckt hod Is āh

grohd ă Gschpăß gwen vonn Loisl, daßas vărrämt hot.«
Der Marie̜ sein Radl? Ist die Marie etwa männlichen
Geschlechts? Nein. Das besitzanzeigende Fürwort (Possessivpronomen) kennt im Bayrischen für die 3. Person
der Einzahl nur die Form »sein«, ob sie sich nun auf einen
Mann oder ein Weib bezieht. Desgleichen wird das rückbezügliche Fürwort (Reflexivpronomen) »sich« sowohl
für männliche als auch für weibliche Bezogene durch das
wörtlich »ihm« zu übersetzende ēam ausgedrückt. Dēr
hod ēam denkt, dē hod ēam denkt = er dachte sich, sie
dachte sich. Doch wird, wenn Unklarheit entstehen
könnte, auch »si« = sich benützt. Dä wöichănĕ = der
welcherne; welcher (nur als fragendes Fürwort gebraucht!) und solcher haben mit Vorliebe die Verlängerungsendung -ănă usw., wie du sie bei der Steigerung der
Eigenschaftswörter kennengelernt hast. Was sonst noch
an dem letzten Satz der Leni bemerkenswert ist, siehst du
aus der Übersetzung: »Der Marie ihr Radl haben die auch
gedruckt, vor etwa sieben, acht Wochen (ein sieben, ein
acht Wochen). Die hat es sich aber gleich gedacht, welcher
Bazi (daß) es gedruckt hat. Ist auch nur ein Scherz gewesen von dem Alois, daß er es verräumt (= versteckt) hat.«
»Jetzt ih bi dös mēi müässī worn«, erzählt die Leni weiter;
»is äh vor ă Wochn ă simmē gwen. Dös mēi is awă nimmă
kēmmă. I bi ganz vōzagt gwen, weilis net grohdn ko.«
Müßig ist sie geworden, die fleißige Leni? Ach, woher
denn! Eppăs müassī wern heißt soviel wie etwas loswerden. Sie ist ihr Rad losgeworden, auch vor etwa sieben
Wochen (beachte die Endung -ĕ bei den freistehenden
Zahlwörtern!), aber das ihre hat sich nicht mehr gefunden. Und warum ist sie verzagt gewesen? Du hast irgend
etwas von »geraten« gehört. »Dēhr is oissamt grohdn«,
das sagt man wohl von einer, der alles gut hinausgeht;

aber hier handelt sich's um etwas anderes: »i kos net grohdn« heißt »ich kann es (dessen) nicht *ent*raten«; kurz, die Leni kann ihr Radl nicht entbehren. Und deshalb hat sie sich auch jetzt dieses schöne neue gekauft.

»D'Muatta hod a bißei zahnt, wiă-r-i schō wihdă midăn neichă Radl hōmkemmă bī.«

Daß die Mutter der Leni noch Zähne bekommen soll, erscheint dir sonderbar. »Zahnă« bedeutet aber etwa: die Zähne zeigen. Wenn ein älteres Weibsbild zahnt, so geschieht es zum Zwecke des Keifens; zahnă heißt dann schimpfen. Es kann aber z. B. auch ein Wagerlprotz recht zahnen, er tut das aus Hochmut und Verachtung für die anderen, die Fretter. An Lenis letztem Satz und schon früher könnte dir aufgefallen sein, daß ich nicht immer nasale Vokale geschrieben habe, wo das n ausfällt (S. 57f.), sondern: schō statt schõ, bi statt bĩ. Bei den kurzen einfachen Vokalen wird oft nur der geschlossene statt des nasalen Lautes gesprochen, besonders wenn das nächste Wort eng anschließt. Diese sprachliche Nachlässigkeit in den geeigneten Fällen zu begehen, verlangt Vorsicht. Falsch ist der nasale Vokal nie, dagegen kann es seine Vernachlässigung sein. Die Doppelvokale (Nachschlagvokale und Diphthonge) halten sich ohnehin streng an die Regel.

Unterdessen seid ihr ans Ziel gekommen, der Wirtsgarten winkt und ihr springt von den Rädern. Im Schatten neben der Leni sitzend fragst du, ob sie gerne was trinken möchte. Sie meint bescheiden, ohne aufzublicken: »An Durscht hädi schō ...«

Sie *hätte* Durst? Wenn ... oder wenn nicht ...? – Jetzt muß ich dir wieder etwas Wichtiges von der bayrischen Höflichkeit und dem bayrischen Takt erzählen. Die Leni *hat* nämlich Durst, sogar einen großen, aber sie sagt nicht brutal: »an Durscht hobi!«, sondern deutet an, daß sie einen hätte. Es bleibt in Gedanken zu ergänzen:»…wenn es dir recht ist, wenn du es erlauben tätest.« Sie fühlt sich von dir eingeladen und möchte nicht unbescheiden sein. Darum stößt sie dich, der du vergeblich nach der Kellnerin schaust, auch leise an und deutet hinüber: »Doh hint währ d'Köĭnärin!« Währ heißt nicht »war«, sondern »wäre«; nun sitzt die Kellnerin wirklich dort hinten, und zwar fest, ohne Anzeichen, daß sie sich vom Platz bewegen will. Die Leni meint, sie »wäre« dort hinten; nämlich für den Fall, daß du etwas bestellen wolltest. Diese schüchterne, die Tatsachen so gar nicht klärende Art zu reden hat für Norddeutsche zweifellos etwas Lächerliches. – Ein guter bayrischer Dienstbot sagt statt »das Essen *ist* angerichtet« immer »das Essen *wär* angerichtet« (wenn die Herrschaften Lust hätten, Platz zu nehmen); wer etwas von dir will, fängt an: »*i hätt a* Bitt« (wenn du geneigt wärest, mich anzuhören). Und jetzt fällt dir auch ein, daß die Leni bei eurem Zusammentreffen nicht gesagt hat »hier *bin* ich«, sondern »jetzt *währi* doh« (wenn du mich brauchen könntest).

Wenn ihr beide später bei einbrechender Dunkelheit heimfahrt und du das Glück hast, daß du von der Leni ein Bußerl erwischst, dann benütze deine neuen Kenntnisse und frage: »*Hättst* morgn auf d'Nacht net a bißl Zeit für mich?« Wenn sie aber leise antwortet: »Leicht *gängs* (vielleicht ginge es)!« – so bräuchte es nicht einmal ein bayrisches Mädel zu sein, um dieser bedingten Formulierung den Wert einer unbedingten zu verleihen.

Die bedingte Form des Zeitworts wird, grammatikalisch betrachtet, auch im Bayrischen durch den Konjunktiv des Imperfekts dargestellt. Ihr Gebrauch beschränkt sich tatsächlich auf Bedingungssätze:

wennă kāhm, na sohgăt ăs = wenn er käme, nachher (= dann) würde er es sagen

oder auf die obigen versteckten Formen des Bedingtseins. Die richtige Bezeichnung ist daher nicht Konjunktiv, sondern Conditionalis (Bedingungsform). Der Bayrische Conditionalis wird in den allermeisten Fällen durch Anhängen von ăt an den Stamm des Zeitworts gebildet, wozu noch die Endungen wie in der Gegenwart treten:

ich schaue = i schaug;
ich würde schauen (ich schaute) = i schaugăt;
du würdest schauen usw. = du schaugătst,
dēr schaugăt, mir schaugătn, ös schaugăts,
dē schaugătn.

»Starke« Formen haben sich nur noch wenige erhalten; sie nehmen keinen Umlaut an, gleichen also der einfachen Aussageform des deutschen Imperfekts. Dabei wird aus dem hochdeutschen Normal-a das helle bayrische ā.

i wāhr = ich wäre, i tāht = ich täte, i kāhm = ich käme, i stānd = ich stände, i nāhm = ich nähme, i gāhb = ich gäbe, i fānd = ich fände, i bliāb = ich bliebe, i liāß = ich ließe; aber: i gāng = ich ginge.

Die übrigen stark gebeugten Zeitwörter hängen ăt an den Stamm wie die schwachen. Und mit Ausnahme der zwei ersten können sogar die vorgenannten auch auf diese Art den Conditionalis bilden:

i bleibăt = ich bliebe, i lassăt = ich ließe, i stinkăt = ich stänke, i werffăt = ich werfe oder würfe, i höïfăt = ich hälfe oder hülfe, i fressăt = ich frässe, i schmeissăt = ich schmisse, i streidăt = ich stritte, i trōhgăt = ich trüge, i lāffăt = ich liefe; aber: i gāngat = ich ginge.

Zum Schluß lerne noch folgende Formen:

i hätt (Umkehrung hädi) = ich hätte, i woït = ich wollte, i soït = ich sollte, i müäßt = ich müßte, i kunnt oder kănnt = ich könnte, i wissăt = ich wüßte, i derffăt = ich dürfte, i gāng = ich ginge, i bringăt oder brăcht = ich brächte, i wuhr (du wurst, dēr wuhr) oder i wură (du wurătst, dēr wură) = ich würde.

Zur Umschreibung darf aber »i wuhr« *nicht* benützt werden, sondern nur als Form des selbständigen Zeitworts »werden«. »Ich würde gehen« heißt vielmehr, als dritte Möglichkeit des bayrischen Conditionalis, »**i tāht** gēh«; »ihr stänket« wird umschrieben durch »ös **tāhts** stinggă«. Die Umschreibung durch tōa ist sehr häufig und rettet vor den komplizierten Formen, die sich aus dem ewigen ăt ergeben würden.

14. Von der Musik der Sprache

Mein allzufrüh verstorbener Freund, der Maier Hias, ist ein beträchtlicher Maler gewesen, und außerdem ein treuer Sohn der Stadt Erding, die mitten im Herzen von Altbayern liegt. Obwohl er weit in der Welt herumgekommen ist und überall Freunde gehabt hat, hat er immer an seiner schönen und klangvollen Erdinger Muttersprache festgehalten. In unseren jungen Jahren sind wir einmal zusammen nach Italien gefahren, und dort sind mir in den Galerien, in den Kirchen und auf den Plätzen die scharfsichtigen Aussprüche dieses bayrischen Malers eine nicht geringere Hilfe zur Kunstbetrachtung gewesen als die ordnenden Begriffe, die mir der Schweizer Heinrich Wölfflin in seiner gepflegteren und knapperen, aber ebenso bildkräftigen Redeweise beigebracht hatte.
Wir sind damals auch in vielen Konzerten gewesen, denn der Maier Hias hat die meisten großen Dirigenten persönlich gekannt. In Rom waren wir dabei, wie der Willem Mengelberg in der vierten Mahler hat abklopfen müssen, weil das Juheh im Augusteo auf Schlüsseln gepfiffen hat. Mit dem Hias zusammen habe ich in Bologna den unbändigen Arthur, den Nikisch, zum letztenmal gesehen und in Florenz den gebändigten, den Toscanini, zum erstenmal gehört. Aber wie wir einmal in der römischen Oper waren, hat mich der Maier Hias am End vom ersten Akt am Ärmel gezupft und hat auf die Bühne gezeigt: »Schaugs oh, Hanse«, hat er gesagt, »schaugs no grad oh, deh da drobn, wias umanandtoa und schreia und stingga und schwitzn, deh Hanswurschtn! Grad grausn kunnts oan. Gähma weida! Doh werd oan ja d'Muhsi zwida.« Seine Kritik war nicht gegen die italienischen Sänger im beson-

deren gerichtet, sondern gegen das Institut der Oper überhaupt. Wie in allen Dingen, so war seine Natur auch in der Musik dem Absoluten zugetan.
Später haben wir noch manchmal gelacht und uns zugeblinzelt, wenn in unserer Gesellschaft ein Tenor aus der matten Beteiligung am allgemeinen Gespräch endlich wieder zu sich selbst zurückgekehrt ist und geschwind ein paar verstohlene »Aaa« aus der Gurgel gelassen hat, um nachzuschauen, ob nicht vielleicht in den letzten fünf Minuten der Glanz seiner Stimme durch einen kalten Rauch oder einen geschwinden Bazillus vernichtet worden sei.
Warum ich das erzähle? Weil wir von der Musik reden wollen, nämlich von der Musik der bayrischen Sprache. Und weil die absolute Musik des Bayrisch ebenfalls durch das »Aaa« der Tenöre verdorben werden kann. Aber was ist denn die Musik einer Sprache? Genau das, was alle Musik ist: eine Folge von Tönen, die nach bestimmten Gesetzen in eine bestimmte Ordnung gebracht worden sind und einen klanglichen Gesamteindruck erwecken. Deshalb ist für die Musik der Sprache nicht nur die klangliche Beschaffenheit des einzelnen Wortes maßgebend – die Farbe der Vokale, die Aussprache der Konsonanten, ihr gegenseitiges Häufigkeitsverhältnis – sondern ebensosehr die Art ihrer Zusammenfügung: Rhythmus, Bindung und Betonung. Das sind Dinge, die in der Musik unter dem Namen »Phrasierung« laufen, womit bereits an die Sprache angeknüpft wird. Während hinwiederum die Sprache den Begriff »Tonfall« kennt und sich mit ihm auf die Musik bezieht.
Das Wesen einer Sprache drückt sich entscheidend auch in ihrem Tonfall, in ihrer Musik aus.
In Rom gibt es eine ganze Anzahl von sogenannten

Deutschrömern, das heißt von Deutschen, die vor vielen Jahrzehnten nach Rom gekommen und dort geblieben sind, und die nicht die geringste Lust verspüren, je wieder wegzugehen. Es ist eben eine schöne Stadt. Manche von diesen alten Herren haben italienische Frauen und sprechen zu Hause nichts anderes als italienisch, immer italienisch, seit dreißig und vierzig Jahren. Trotzdem, wenn man flüchtig hinhört, möchte man schwören, sie reden deutsch, oder gar sächsisch oder schwäbisch. Sie machen gewiß keine Fehler in der italienischen Grammatik, aber italienisch reden sie doch nicht. Es fehlt ihnen genau das, worauf es ankommt, nämlich die Musik der Sprache. In München gab es dagegen den Gustl Waldau, einen großen Schauspieler und überaus lustigen Menschen. Der hat früher seinen Freunden hie und da, wenn die alle miteinander vom guten Wein aufgekratzt waren, eine gewaltige italienische Rede gehalten. Und die besten Kenner haben beim flüchtigen Hinhören sagen müssen: *der* kann aber gut Italienisch! Dabei hat er keine Ahnung davon gehabt und lauter erfundene Wörter gebraucht. Das Wesentliche der italienischen Sprachmusik war ihm aber aufgegangen und er hat es wunderbar nachgeahmt.

Genau so geht es mit dem Bayrischen. Du kannst deine Grammatik noch so gut gelernt haben und die 999 Worte im einzelnen noch so richtig aussprechen, das hilft dir alles nichts, wenn du den bayrischen Tonfall nicht triffst. Und du wirst ihn nicht treffen, wenn du kein Ohr für Sprachmusik hast. Hast du aber ein leidliches, dann kann ich dir das Hinhören zu erleichtern suchen. Schwer genug wird es mir fallen, denn so etwas ist schriftlich kaum auszudrücken, die Philologen haben dafür noch keine allgemein brauchbare Zeichensprache erfunden, und wenn ich sie erfinden wollte, müßte mir der Verlag die erhöhten Druckkosten hinaufsalzen und ich wäre bankrott. Also probieren wir's halt, mit vorhandenen Mitteln und frischem Mut!

»Als ich dort war, …« heißt, wenn nicht aus bestimmten Gründen das »ich« besonders unterstrichen werden soll, auf französisch »*quand j'étais là*« und auf englisch »*when I was there*«. Wie steht es mit der Betonung in den beiden Sprachen? Der Franzose steuert schnell und mit engster Bindung auf das scharf betonte »*là*« los; einen kleinen Nebendrücker gibt er dem »*quand*«, aber nur so viel wie der ersten Note einer auftaktigen Triole. Man setze an die Stelle der Worte »moan'i do aa« in der ersten Zeile der Beispiele auf Seite 121 die Worte »*quand j'étais là*«, dann hat man ungefähr die Ton- und Zeitwerte der französischen Aussprache. Wollte man dasselbe mit »*when I was there*« tun, würde man den englischen Tonfall völlig verfälschen. Gewiß, auch der Engländer betont das »*there*« am stärksten; aber daneben gibt er dem »*when*« und dem »*was*« einen eigenen, nicht überhörbaren Nachdruck. Das Bild des englischen Satzes würde, in Kürze- und Längezeichen und Akzenten ausgedrückt, etwa ˘ ˘ ˉ | ˉ aussehen müssen. Die Worte stehen, weniger gebunden, gleichberechtigter nebeneinander. Was die Tonhöhe betrifft, so gleitet der Franzose, da es sich um einen vorausgestellten Konjunktionalsatz handelt, von »*quand*« mit der Stimme in einem zuletzt steiler werdenden Bogen nach oben zum »*là*«, das mit der Helle einer Frage herauskommt, während der Engländer auf einheitliche Linienführung verzichtet, auf jeden Fall die hauptbetonte Silbe »*there*« in nahezu undefinierbarer Weise hinauf- und herunterzieht und, wenn es ihm paßt, auch auf der halbbetonten Silbe »*was*« noch ein wenig mit der Stimme herumrutschen kann, ohne den Sinn des Sätzchens zu stören. Im

Gegensatz zur klaren französischen Sprachmelodie entsteht hier der Eindruck des »Singenden«.

Wenn nun, z.B. zur Feststellung des Gegensatzes »ich« und »du«, in unserem Nebensatz das »ich« besonders betont werden soll, tut sich der Engländer leicht; er sagt genau wie vorher *»when I was there«* und betont ⌣ | ⌣ ‒ ‒, ohne damit viel umzustürzen. Der Franzose muß ganz neu formulieren: *»moi, quand j'étais là«*, und das Hinzufügen des betonten Fürworts ergibt einen neuen betonten Höhepunkt. »Natürlich«, wird hier der Leser einwenden, »das unbetonte und noch dazu apostrophierte Fürwort j' *kann* man eben nicht betonen.« »Das ist es ja gerade«, erwidere ich ihm, »daß die französische Sprache von Apostrophierungen strotzt, daß sie betonte und unbetonte Fürwort-Formen hat, daß sie sich so viele leicht zu handhabende Silben und so viele Bindungsmöglichkeiten schafft – das alles dient ihr dazu, die Betonung möglichst wenigen klaren Höhepunkten unterordnen zu können, die leicht erreicht und leicht wieder verlassen werden, und damit einen Tonfall zu erzielen, der sich aus möglichst großen rhythmischen Einheiten zusammensetzt.«

Wir haben es beim Französischen und beim Englischen mit extremen Beispielen der zwei großen Gruppen zu tun, in die sich die europäische Sprachmusik teilt. Die eine, im wesentlichen von den romanischen Sprachen vertretene, strebt unter Hintansetzung der Einzelwerte nach großzügiger Kadenzierung, die andere, mehr den germanischen Zungen eigen, will die einzelnen Ausdruckswerte nicht durch die Sprachmusik vergewaltigen lassen und muß sich daher mit kurzen und zufälligen Kadenzen begnügen. Man könnte also ganz grob von einer unterordnenden und von einer beiordnenden Sprachmusik reden. Und, ein wenig übertreibend, hinzufügen, daß die erstere mehr von

der Form, die zweite mehr vom Inhalt her bestimmt sei. Zu welcher Gruppe die deutsche Sprache gehört, läßt sich nicht ohne weiteres sagen. Wir haben auch die deutsche Fassung unseres Nebensätzchens gar nicht erst daraufhin untersucht. In Deutschland gibt es kein normendes Paris und kein beispielgebendes Oxford, und deshalb ist das Hochdeutsche, von Süd-, West- oder Niederdeutschen gesprochen, jedesmal verschieden und jedesmal korrekt. Es hat dann die Musik, die ihm der jeweilige Sprecher aus seiner Mundart unterlegt; und wenn er das nicht kann, hat es gar keine. Wo dagegen das Bayrische zu Haus ist, das wird der muntere Leser schon geschmeckt haben: selbstverständlich bei der Form und nicht beim Inhalt. Die Bayern sind zwar bestimmt nicht der begabteste – o harte Suche nach bayrischen Geistesgrößen! – aber vielleicht der formbegabteste deutsche Stamm.
Ins Bayrische übersetzt lautet unser Beispiel: »Wia-n-i dort gwē bī.« Ganz eindeutig liegt der Akzent auf der einen halblangen Silbe »dort«, während jeweils zwei leichte kurze Silben (»wia-n-i« und »gwē bī«) den völlig unbetonten Anlauf und Nachschlag zum betonten Höhepunkt bilden. Fast in verstärktem Maß gilt vom Bayrischen, was wir soeben zur Charakterisierung des Französischen gesagt haben: Bayrisch ist unter den deutschen Mundarten das einseitigste Beispiel für eine unterordnende Sprachmusik. Kein Zufall, daß Bayern südlich des Limes liegt.
Die Bindungen, die Einschiebsel, die Inversionen (Umstellungen), die leichten und schweren Formen des Artikels sowohl als der Fürwörter, das Vorziehen betonter Wörter vor den Satz – das haben wir schon behandelt; der Leser möge zu den Seiten 82 bis 86 zurückblättern und sie noch einmal, diesmal aber unter dem Gesichtspunkt über-

fliegen, wozu dies alles dient: zur Ermöglichung eines großzügigen Sprachrhythmus, der sich auf wenige, scharf betonte Höhepunkte stützt. Und dann skandiere er die Beispiele auf S. 121, die in ein paar willkürlich aus diesem Büchlein gegriffenen Satzteilen und Sätzen bestehen und die ich nicht anders als in genauen Notenwerten ausdrükken konnte. Denn das Entscheidende der bayrischen Sprachmusik ist ihre präzise Rhythmik.

Zum Verständnis der Notenbeispiele ein paar Anmerkungen: Die Beliebtheit und Bedeutung des Wortes **aa** (auch) im Bayrischen beruht auf seiner Brauchbarkeit als Stützpunkt der Betonung. Es wird deshalb, ebenso wie ähnliche einsilbige Wörter (**glei'**, **gwiß**, **eh'**), immer zum ersten Teil eines betonten Taktes (Zeile 1 bis 5 der Beispiele). Wie sich dann das andere davor und dahinter gruppiert und ob aus der Satzperiode ein zwei- oder dreivierteltaktiges Gebilde entsteht, hängt davon ab, welche Silben außerdem zur Betonung geeignet sind und wie sie gestellt werden können. Aus Gründen des Aus- und Nachdrucks ist manchmal auch ein Taktwechsel innerhalb einer Periode oder eines Satzes notwendig (Zeile 7 bis 8). In den letzten zwei Zeilen der Beispiele kommt das Raffinement des bayrischen Sprachrhythmus vielleicht am deutlichsten heraus: derjenige, der zuerst grüßt, muß den Nachdruck auf »grüaß« und den Namen legen, weil er den andern auf sich aufmerksam machen will; er »geht ihn an«. Der zweite, der nur repliziert, kehrt zur Normalbetonung zurück, die auf »Gott« liegt. So verschieben sich die guten Taktteile, und im zweiten Beispiel entsteht sogar eine Synkopierung.

Man lache nicht und werfe nicht ein, das seien theoretische Kunststücke, die wir da vorführen, oder hirnrissige Konstruktionen. Natürlich singen unsere bayrischen

Lackl weder ihre Begrüßungen noch ihre weiteren Ausführungen vom Notenblattl herunter; sie brauchen's auch nicht, denn sie haben ihren Sprechrhythmus von Geburt an im Leib und in der Übung. Aber dir, lieber Leser, der du vom Hochdeutschen oder gar von einer anderen Mundart herkommst, tut es ganz gut, wenn du das besagte Notenblattl ein paarmal heruntersingst, damit sich deine Ohrwaschl an diese Musik gewöhnen.

Apropos, singen? Nein, singen sollst du nicht. Singen tun nämlich auch die Altbayern beim Sprechen ganz und gar nicht. Ich habe deshalb nur die rhythmischen Werte aufgezeichnet und keine Notenlinien gemacht, weil's auf die Änderung der Tonhöhe nicht ankommt. In der bayrischen Sprachmusik ist der Rhythmus das einzig ausschlaggebende Element. Das Heben und Senken des Tones – sei es innerhalb einer Silbe oder eines Satzteiles wie im Englischen oder in manchen deutschen (alemannischen) Dialekten, sei es innerhalb eines Satzes wie im Französischen – ist hier kaum wahrnehmbar und nicht in Regeln zu fassen. Selbst bei einem Fragesatz hebt der Bayer die Stimme nur sehr wenig und sehr gleichmäßig. Er fährt mit seiner Stimme vielmehr möglichst stur geradeaus und überläßt den Aus- und Nachdruck ganz der scharf rhythmisierten Betonung.

Eine recht musikantische Eigenschaft, könnte man meinen. Vielleicht stammt sie aus der böhmischen Ebene, wo die Bayern eine Zeitlang gehockt sind. Ich weiß es nicht. Ich weiß nur, daß sie bloß für die Sprachmusik gilt, nicht aber für die musikalische Musik. Denn in ihren Ländlern und Schnadahüpfln haben die Bayern wohl einen sauberen Rhythmus, aber wenn sie was anderes singen, dann ist es so musikalisch und so *un*musikantisch wie bei den übrigen musikbegabten deutschen Stämmen auch.

15. Nur vier Worte

»Schau nur, dumms Luada, dumms!« – so hat einmal ein Krattlerweib zu meiner Großmutter gesagt. Wie nämlich die Glocke an der Haustür gegangen ist, hat sich meine Großmutter gedacht, sie muß ganz schlau sein, und sie schaut zuerst einmal recht heimlich durch den Vorhang beim Gangfenster, wer draußen steht. Einen winzigen Spalt hat sie aufgemacht und bloß mit einem Aug hinausgeblinzelt. Da hat sie ein Krattlermensch stehen sehen, und das hat frisch gesagt: »Schau nur, dumms Luada dumms!« Meine Großmutter hat grobe Worte nicht leiden können, aber da ist ihr doch das Lachen gekommen. Leider, lieber Leser, muß ich dir jetzt dasselbe sagen. Du blinzelst immer auf das Bildl da oben und auf die Überschrift und meinst, jetzt müßt ich heraus mit der Sprache.

Aber schau nur, dumms Luada dumms – ich sag es doch nicht, das eine Wort. Es ist nämlich so: das eine Wort von den vieren, über die wir jetzt reden und das ich nicht sagen will, das wäre zugleich das tausendste von diesem Lehrbüchl. Und dann müßte es statt »999 Worte Bayrisch« heißen »1000 Worte Bayrisch«. Das mag ich nicht. Und überhaupt wäre es zu unanständig.

Weil ich aber gründlich bin, mußt du das mit den vier Worten doch lernen. Wenn sich der ganze Ausdruck auch schwer hin*schreibt*, hin*sagen* tut er sich leicht, das kann ich dir versichern. Man muß es bloß gewöhnt sein. Und man muß sich genau auskennen, was damit gemeint ist.

Wenn du vielleicht glaubst, daß der Spruch mit den vier Worten in jedem Fall eine Grobheit ist, dann brennst du dich gewaltig. So armselig ist er nicht, daß er nur eine Möglichkeit bedeutet. Nein, gerad die vielen Gefühle, die sich hineinlegen lassen, machen seinen Reichtum aus.

Auf Stellung und Betonung der Worte, auf die Lage und die Heftigkeit des Sprechenden kommt alles an. Wer möchte es unternehmen, die Nuancen zu ergründen, die hier möglich sind? Und nur die wenigsten sind beleidigend.

Von den folgenden drei Formen schreibe ich jede in einem Stück. Deswegen sind es doch vier Worte. Aber du sollst sie beim Sprechen zusammenbinden. Brauchst keinen Atem zu holen dazwischen. Und jetzt lausche der Wandlungsfähigkeit der bayrischen Sprache (die du übrigens jetzt so weit kennst, daß ich nur mehr die wichtigsten Aussprachezeichen setze):

Heftige Überraschung
mihleckstam...
Betonung auf dem Wort **mih**.

Beispiel:
Gestern ist der Schecken Toni in Angersried drüben gewesen, wo die Eltern bei seiner Schwester im Austrag leben. Er hat festgestellt, daß die zwei Alten immer noch ganz lebfrisch herschauen, und freut sich jetzt darüber, während er vor seiner Haustür die Sensen dengelt. Kommt ein Wagerl gefahren, der Wirt von Angersried drauf, und hält vor ihm. »Grüäsdigöhd, Unterwirt! Kimmst āh-r-amoï zuawa? Mögst ma-r-epps ohkäffa?« »Nä«, sagt der Wirt, »a Bōhdschaft hehdi vo dein Vattan. Er laßt da sagn, daß d'Muatta gschtorm is gesting auf d'Nacht.« Der Toni steht starr und findet lang keine Worte. Dann löst sich die schreckhafte Überraschung: »**Mihleckstam...!** Dehs is amoi gschwind ganga!«

Allen Unkundigen sei ausdrücklich und ernsthaft versichert, daß diese Worte in dieser Situation keinerlei Profanierung des Gefühls und nichts Ungewöhnliches bedeuten. Sie sind in der vorstehenden Form nur der Ausdruck starker und durchaus schmerzlicher Überraschung.

Berechtigter Unmut

leckmiam...

Das Wort mi wird hier ziemlich verstümmelt, Betonung stark auf dem ersten, schwächer auf dem letzten Wort.

Beispiel:
Der Fischer Simmerl und der Kistler Schorsch, die sitzen zusammen im Garten vom Sternbräu. Eine grausame Hitz hats, aber die Kastanien geben einen tiefen Schatten, und die Gläser, die die Kellnerin auf den Tisch stellt, laufen gleich an, so schön frisch ist das Bier. »Dehs is amoi a Gsüff«, meint der Kistler, indem er prüfend das Glas erhebt, »a soh muaß's sei, net z'hoaß und net z'warm.« Er setzt an und gedenkt einen ausgiebigen Schluck zu tun.

Kommt aber nicht weit, so fangt er das Kotzen an, verschluckt sich schier ganz, feuert das Glas auf den Tisch, daß es spritzt, fahrt mit zwei Fingern ins Maul und zieht etwas heraus.

»Mahri«, schreit er, »do geh umma!« Wie die Kellnerin schön langsam daherrutscht, zeigt er ihr ungnädig den Gegenstand des Anstoßes. Der Simmerl stellt interessiert fest, daß es ein ganzer Büschel Haare ist, halb zusammengerollt. »Woaßt du, was des ihs?« fragt der Schorsch scharf, »kennst du dehs?« Das stumpfsinnige Gesicht der Kellnerin zeigt keine Spuren von Bestürzung. »Was werds sēi?« meint sie, »Hohr sans!« »Wiä kemma na deh in mei Hoiweglasl?« Die Kellnerin wird durch das Examen nicht erschüttert. Gleichgültig sagt sie: »Dös kō dō ih net schmecka, wia deh einikemma. Leicht sans vonn Bām ohwagfoin...« »Wos sogst?« wirds dem Kistler zu dumm, »vo dě Bam ohwa? Deh ham doh kaane Hahr!« »D'Vähgl tragns halt auffi, zän Nēstmacha«, fährt die Mari ruhig fort. »Gä, gä«, macht der Schorsch verächtlich und hebt das Büschel vergleichend an die Haare der Kellnerin. Jetzt wird sie doch etwas eifriger: »Gwihs wahr is's«, beteuert sie, »des hamma scho öfta dälebt, daß Hahr von an Nest aussagfoin san, und übahäpts...« Der Schorsch schneidet ihr die Rede kurz ab. »Jetzt bist stahd«, sagt er, »und gehst nēi und bringst mä-r-ä frische Hoiwe. Und« – fährt er mit erhobener Stimme fort – »dēhssöï sog-ä-dä: wega meina kinna sē dě d'Vähgl Hahr auffitrogn grod gnua – aba de *dein* boi's nohmōi auffitragn, na sogi's an Wirt. Des mirkst dä!«

Während die Mari ohne Widerrede, schneller als sonst, mit dem Glas hineingeht, murrt der Kistler wie ein abziehendes Gewitter hinter ihr her. »Kāmpět si (= kämmt sich) de Sau pfeigrad in mei Hoiweglasl eina... von Bām

ohwa, sogts, sans gfoin...« Und als die frische Halbe schon vor ihm steht, noch einmal: »...von Bam ōhwagfōin sans, sogts...« Dann verfällt er in finsteres Brüten. – Pfetsch! macht es plötzlich, und im Glas vom Kistler tut es einen Schnalzerer. Wie sie nachschauen, schwimmt im Bier eine zwar geringe, aber sonderbare, weiß und graublau durchzogene Masse.
Da muß der Fischer Simmerl herzhaft lachen: »Ahlär Sähgen kommt von ohbän, hoaßts, hahahaha – dehsmoi is's gwihs vō ōbn kemma, dehsmoi hodsi a richtiga Vōhgl kämpĕt. Aba scho ganz scharf. Dehr muaß ēam sei ganz' Fehdähösei umdraht ham. Und a großa is's gwen, a starka! Ohda hod ēppä gahr k'Katz ohwagschissn?« Der Simmerl möcht sich schier derstessen vor lauter Lachen über dem Kistler sein Mißgeschick und er spart nicht mit passenden Witzen. Schließlich muß auch der Schorsch grinsen, und er bestellt sich die dritte Halbe. Aber nach dem ersten Schluck schüttelt er den Kopf, als verstünde er die Welt nicht mehr, murmelt etwas von einem »varecktn Bam«, und hüllt sich abermals in tiefsinniges Schweigen.
Und so hört er nicht, wie draußen vor dem Garten ein paar Buben umzutreiben anfangen. Auch der Simmerl hört es nicht, weil ihn die ganze Zeit noch ein trockenes Lachen stoßt. Und die Buben auf der Straße tratzen sich und fangen sich, und weil sie sich nicht erwischen, so werfen sie einander etwas nach. Und weil es wiederum zum Schmeißen nichts Schöneres gibt auf der Welt, als das, was die Pferde auf der Straße zu hinterlassen pflegen, so fliegen halt die frischen Roßbollen fröhlich hin und her. Es läßt sich bekanntlich oft nicht vermeiden, daß einmal ein Geschoß zu hoch geht. Das ist im Krieg so gewesen, und bei den Buben ist es auch nicht anders. Wem es gegolten hat, der freut sich darüber. Und der Sepperl hat

sich auch gefreut, wie jetzt ein saftiger Bollen über ihn hinweg gegen den Garten geflogen ist. Kurz und gut – man sollte es nicht glauben, aber der Fischer Simmerl hat mir einen Eid drauf geschworen – es tut im Glas vom Schorsch wieder einen Schnalzer. Und schon schwimmt etwas im Bier, ein richtiger Brocken. Der Schorsch fahrt zusammen, und während er das Ding ganz wepsig herausfischt, wird seine Nase weiß trotz der Hitze, und sein Schnurrbart zittert. Kaum daß er es gehabt und angeschaut hat, springt er auch schon auf, haut auf den Tisch und schreit:

»Leckmiam...! Jetztä glangi! Scheissn eppa doh herinnats d'Rōhß ah scho vo de Bam ohwa?« Und mit gedämpfter Stimme: »Gäh zua, Simmerl«, sagt er, »gēngämä weida vo den Bluatsgartn! Sunst ziagts dih ah no auffi und draht da d'Hohsn um!«

Für die saftige Sprechweise des Kistler Schorsch kann ich nichts, aber kein billig Urteilender wird ihm die Berechtigung zu heftigem Unmut absprechen können. Und diesem geben die vier Worte den schlagenden Ausdruck. Daß sie für seinen Kameraden nichts Beleidigendes haben, sieht nach diesem Beispiel ein Kind.

Deutliche Ablehnung
am...leckstmi.

Betonung ausschließlich auf dem verruchten Wort, das ich nicht sagen will.

Beispiel:

Es ist einmal so, daß den Preußen das Münchener Bier meistens recht gut schmeckt. Besonders wenn sie es in der Stadt trinken, in der es erzeugt wird. Sie pflegen sich hier gruppenweise in den großen Lokalen zu versammeln, die den inneren Teil der bayrischen Metropole hinreichend beleben, und fallen alsbald durch vielsagende, manchmal nicht ganz geräuschlose Munterkeit auf. Der kraftvoll edle Stoff, in ungewohnten Mengen genossen, die Ferienstimmung, vielleicht gar noch schönes Wetter und angenehme Gesellschaft – das bewirkt jenen glücklichen Zustand, in dem das Lachen als Beschäftigung empfunden wird.

Auf dieser seligen Bereitschaft ruht fest und sicher die Lebensexistenz einer gewissen Sorte von Verkäufern. Wenn in den Tanz-, Sekt- oder mit Nischen gesegneten Lokalen die Blumenfrau das Feld beherrscht, so ist es hier die kommerzielle Verwertung von Andenken, Postkarten und Scherzartikeln. Ach, wie lacht Frau Bielke, weil Herr Mielke sich so ein Ding an den Kopf klebt, so einen Schmetterling, der sich wie rasend im Kreise dreht. Wo Mielke doch sonst immer so misepetrig ist! Und nu? Kaputtlachen könnte sich Frau Bielke. Und Herr Bielke hat Frau Mielke eine Postkarte gekauft, wo man ein gewisses Häuschen darauf sieht mit einem ausgeschnittenen Herz in der Tür. Die kann man aufmachen und was zeigt sich da? – Nee, diese Bayern!

Ja, sie sind gute Psychologen, die Verkäufer. Man sollte nicht glauben, daß sich das Zeug verkaufen ließe, aber sie verkaufen es! Sie haben einen scharfen Blick für Menschen. Und darum wenden sie sich auch nicht an den Franz Xaver Eschlbeck senior, der dort mit würdiger Selbstverständlichkeit sein Bier trinkt, oder an seinesgleichen. Eingestammte Bürger wie Eschlbeck sind in diesen fremdenverseuchten Räumen nicht häufig, aber die wenigen bewahren desto unerschütterlicher ihre Haltung und bleiben unberührt von dem zersetzenden Einfluß einer derartigen Umgebung. Die Verkäufer wissen, wen sie vor sich haben. Niemals würde ein Eschlbeck einem solchen

Graffelhandler die Ehre antun, auch nur eine ablehnende Bewegung zu machen. Solche Leute sieht Eschlbeck einfach nicht. Er blickt durch sie wie durch Luft hindurch in jene düsteren Perspektiven, die sich beim Vergleich der Biersteuer mit der Qualität des Getränks eröffnen und die durch die sinnlose Heiterkeit der Fremden in noch schwärzere Farben getaucht werden, um dann den geistigen Blick freundlicheren Dingen zuzuwenden: dem letzthin gespielten Herzsolo, dem Preis im Zimmerstutzenschießen, den in Niederbayern genossenen Kalbshaxn. Denn jeder Eschlbeck hat Verwandte in Niederbayern, bei denen er eine Woche des Sommers zuzubringen pflegt. Wenn die Melancholie des Schnurrbarts nicht wäre, dessen Spitzen von Zeit zu Zeit abwärts erzittern, sobald er einen kurzen, aus Mitleid und Verachtung gemischten Blick über den nahen Fremdentisch gleiten läßt – wenn diese Melancholie nicht wäre, könnte man jetzt Eschlbecks Antlitz fast einen Spiegel friedlich-heiteren Innenlebens nennen. Eben erstehen die jüngstvergangenen Freuden seines Manneslebens vor dem nach innen gewandten Auge, als es plötzlich an dem Scherzartikelverkäufer hängen bleibt. Und warum? Ich muß gestehen, daß auch mir das Verhalten dieses Menschen immer ein Rätsel bleiben wird. Sei es, daß ihn die Hitze toll gemacht, sei es, daß ein überraschender Verkauf um den Verstand gebracht hat – jedenfalls steht er, seine herkömmliche Psychologie vergessend, vor Herrn Franz Xaver Eschlbeck senior. In seiner Positur, die daran, daß er diesen als Käufer betrachtet, keinen Zweifel übrig läßt. Eschlbeck ist tief erschüttert. Fassungslos läuft er einen Augenblick Gefahr, sich selbst zu verdächtigen, ob er vielleicht schon aussehe wie ein Preuß. Aber es geht vorüber, und mit dem seelischen Gleichgewicht kehrt die Würde zurück, die ihn von dem

Mann keine Notiz nehmen läßt. Der jedoch – vielleicht ist er auch betrunken? – weicht nicht; im Gegenteil, er tritt einen Schritt näher und hält Eschlbeck sein Zeug direkt unter die Augen.
In Eschlbecks Seele ringt es. Wie vorher mit dem Zweifel, so jetzt mit der Wut. Soll er den frechen Kerl hinauswerfen lassen, soll er ihm eine Grobheit sagen, daß er weiß, mit wem er es zu tun hat? Nein! Abermals bezwingt sich der Beleidigte, sein gutes Herz siegt, und er sagt schlicht und gefaßt: »**Am...leckstmi** mit dein Glump!«
Das rechte Wort zur rechten Zeit findet immer den schönsten Widerhall. Der Verkäufer ist zur Besinnung gebracht und zieht, innerlich erlöst, wieder seine gewohnten, erfolgreichen Bahnen. Franz Xaver Eschlbeck, befriedigt, daß er seinem Grimm keinen Lauf gelassen hat, macht einen tiefen, ruhigen Schluck und sinkt in angenehme Erinnerungen zurück. Es war das erste und das letzte Mal, daß er mit einem Graffelhandler gesprochen hat.
Bei dieser Formulierung der vier Worte könnte man schon eher als bei den vorigen Beispielen an eine beleidigende Wirkung denken. Es ist aber nicht so. Es soll eine Sache deutlich abgelehnt, die Person jedoch nicht beleidigt werden.

Ernstlichere Fälle

Es *gibt* jedoch Formulierungen, in denen die vier Worte etwas Beleidigendes an sich haben. Sonderbarerweise sind es gerade die, welche die Aufforderung höflich mit »können« umschreiben. »Du kohst mi am ... lecka« ist sehr unfreundlich, und geradezu herausfordernd ist der Satz: »Üwahapts kohst mi du am ... lecka«. Hier sind die vier Worte überschritten. Das Kennzeichnende ist, daß durch das Fürwort **du** das Gegenüber einwandfrei angesprochen

wird und die liebenswürdige Aufforderung nicht auf irgendeine seiner Handlungen Bezug nimmt, sondern seiner ganzen Persönlichkeit gilt: »Üwahapts...!«
Zwei Anmerkungen seien gestattet:
An Stelle von **am** läßt sich in den meisten Fällen auch **im** gebrauchen. Doch vermeide man leckmiim...; es klingt nicht gut.
Das A, der erste Buchstabe des bewußten Wortes, wird in allen möglichen Aussprachen angetroffen. Am häufigsten ist wohl das Normal-a, doch hört man auch das helle a und sehr oft das o. So wandelbar wie die Stellung der vier Worte und ihr Sinn, ist auch die Aussprache dieses einen unter ihnen – als ob der Bayer sich nicht genug tun könnte, es in allen Farben schillern zu lassen. Es gibt sogar richtige Moden in der Aussprache. So war es in meiner Jugendzeit üblich, geradezu ein reines ō zu benützen, wobei das r ganz ausfiel. Wir sagten, wenn einem der Hut recht schief und frech auf dem Kopf saß, er habe ein Leckmamoschhütl auf.
Was die vier Worte an verschiedenen Ausdrucksmöglichkeiten allein in sich bergen, dazu ist in den Ausrufen und Flüchen ein großes Repertoire vorhanden, dessen Anwendung genaue Unterschiede verlangt. Die allerwichtigsten, die, mit denen man sich überall hören lassen kann, sind folgende

Ausrufe

Erfreut, anerkennend, lustig: haut scho! – duft – pfundsam – wuid!
Überrascht: gibtsn dehs aa? – da legst di nihda! – da mögst do (glei) varekka!
Kopfschüttelnd: da mögst do varekka! – sēi tuats was!
Ablehnend: mir wahrs gnua! – mih stimmst!
Erbost: vareck!

Flüche

Mild: Herrschaft! – Herrschaftseitn! – Herrschaftsāxn! – Herrmann! (schwächliche städtische Form, ebenfalls mit -seitn und -saxn) – Kreizteifi!

Mittelstark: Sāggra! – Saggradih! – Saklzement! – Kruzitürkn! – Kruzināshn! – Himmel Stern Laudon! – Kreuzbirnbam und Hollerstaudn!

Kräftig: Himmisakra! – Höllsakra! – Himmela... und Zwirn! – Bluatsau! – Bluădigă Hēhnadregg!

16. Münchner Spezialitäten

Fluchen kannst du jetzt, schimpfen kannst du, vier Worte sagen kannst du, zärtlich sein kannst du auch – aber aus dem bayrischen Alltagsleben fehlt dir noch mancher wichtige Ausdruck. Macht nichts, du lernst schon von selber etwas dazu, wenn du ein bißl aufpaßt. Die Hauptsache ist, daß dir der Sinn eines Satzes nicht mehr ganz verborgen bleiben kann. Darum haben wir uns mit der Grammatik so geplagt. Und die Schimpfwörter und saftigen Brocken brauchst du deshalb, weil es beruhigt, im fremden Land nicht ganz wehrlos zu sein.

Wenn du dir bitte noch merkst:
 eppă = etwa; eppäs oder ebbs = etwas;
 eppă = jemand, eppän = jemandem und jemand (4. Fall);
 nĕămăd, nĕămd und nĕămds = niemand;
 ă jehdă oder ă-n-iădă = jeder;
 ăn etlă = einige;
 nix oder nixn = nichts;
 nix bessäs gibts net = es gibt nichts Besseres;
– dann darfst du mit Recht sagen: jetzä glangi, d.h. jetzt habe ich genug. Und ich glaube, es langt wirklich für deinen Aufenthalt in Altbayern. Wenn du aber gefragt wirst: »Glangst jetzä?« – so sollst du nicht mit »ja« antworten, sondern den Satz oder einen Teil desselben bestätigend wiederholen: »i schö« oder »freili glangĭ«. Im Bayrischen heißt es nicht »ja, ja, nein, nein, was darüber ist, das ist von Übel«; es ist vielmehr von Übel, bloß mit ja und nein um sich zu werfen. Nur in ganz energischen Fällen heißt die Verneinung **na!** oder **ā!** – die Bejahung **jōh.**

In *München* triffst du zu guter Letzt noch folgende Spezialitäten:

1. Am Stammtisch die *gehobene Bürgersprache*; Kennzeichen: statt des aufgeweichten l das Knödel-l, bei dem die Zunge vorher an die Zähne stößt. Ein Laut also zwischen dl und rl. Ferner bei bayrischer Grundhaltung viele Fremdwörter und hochdeutsch anklingende, vorsichtige Gemeinplätze: »Im Fahdle des Fahdles gewissermaßen, san mir quasi sozäsagn auch nazänadl (= national), nedwahr? Sie verstengen (= verstehen) mich schon!« – Alles aus gepreßtem Kehlkopf fast ohne Atembenützung gesprochen.

2. Auf der Oktoberwiese bei den Schiffschaukeln und in den Vorstädten die *Lukesprache*; Kennzeichen: nicht wiederzugebende Gemeinheit; Häufigkeit der Endung -e; Aussprache tief aus der Brust heraus: »Geh wegge, sohge (statt weggä sohgi)! Schwing de (statt di)!« Die meisten Vornamen, sogar die weiblichen, und wenn möglich auch die Familiennamen auf -e endend. Waste = Wastl; Gsöhdmoare = Gsottmaier; mersse = danke (altbayrisch dangschē). – Die *Fabrik*- und die *Schulsprache* sind weniger gemein, aber die nächsten Verwandten der Lukesprache.

3. In Geschäften die *Ladnerinnensprache*; Kennzeichen: stärkste Bemühung, recht fein und hochdeutsch zu reden, wobei als Protest gegen das im Altbayrischen nicht aspirierte t jedes t wie t-h, beinahe wie tsch ausgesprochen wird: »In dieser Qualitschätsch haben wir es nur in violetsch vorrätschig.« Sämtliche Münchner Ladnerinnen, Seminaristinnen, überhaupt alle jüngeren Mädchen, die von zu Hause ein gesundes Bayrisch gewöhnt sind und sich dessen in der Öffentlichkeit schämen – es ist zu geschert, meinen sie – reden dieses affektierte Deutsch.

Hoffentlich lassen sie sich durch diese Feststellung auch in Zukunft nicht davon abhalten. Es wäre zu schad um das verschämte Münchner Gewächs.

Wir sind am Ende. Ich wiederhole, was ich eingangs gesagt habe: das alles ist nur ein Anfang. Das Sprechen verlangt gründliche Übung und Erfahrung. Willst du aber tiefer in das bayrische Wesen eindringen, als du es aus eigener Anschauung vermöchtest, so rate ich dir: lies Thoma, Thoma und noch einmal Thoma! Anders als mit einer Verbeugung vor ihm wird auch heute noch ein bayrisches Buch nicht schließen können.